筑摩選書

大竹 晋
Otake Susumu

悟りと葬式

弔いはなぜ仏教になったか

悟りと葬式　目次

悟りと葬式

弔いはなぜ仏教になったか

序章

それぞれの仏教

仏教の開祖、ブッダがいわゆる悟りに達したと伝えられ、彼を慕う出家者が悟りを求めて仏教を学んでいることは、現代人の多くが知っていることである。

それとともに、出家者がいわゆる葬式に通ずると目され、彼を恃《たの》みとする在家者の葬式に呼ばれていることも、やはり現代人の多くが知っていることに違いない。

出家者の悟りのための宗教として機能している仏教が、なぜ、在家者の葬式のための宗教としても機能しているのか――

この、誰もがいだくに違いない疑問に、誰もがわかるような回答を提示することが本書の目的である。

本章においては、導入として、基本的なことについて確認していきたい。

部派仏教とその文献

仏教の開祖であるブッダ、釈迦牟尼仏《しゃかむにぶつ》――しばしばガウタマ・シッダールタあるいはゴータマ・シッダッタと呼ばれている人物――は紀元前五世紀ごろインドにおいて亡くなった。そして、伝承によれば、その直後に、彼の弟子である出家者たちは彼の教えの集成として三蔵《さんぞう》を結集《けつじゅう》（編纂）した。三蔵とは、次のとおりである。

経蔵《きょうぞう》（経のセット）
律蔵《りつぞう》（律のセット）
論蔵《ろんぞう》（論のセット）

経は経典、律は出家者の規律、論は経典の補論である。これら三蔵こそが仏教の正典である。そののち、彼の死後百年ごろから、出家者たちは内部分裂を始め、大略して十八部派と呼ばれる諸部派が成立した。そのことによって、それぞれの部派において、それぞれ独自の三蔵が形成された。いわゆる部派仏教の始まりである。

三蔵は仏教の正典であるが、それぞれの部派／学派にそれぞれ独自の三蔵があるのであって、あらゆる部派／学派に共有の三蔵はない。ある部派の三蔵と、ほかの部派の三蔵とは、特に律蔵と論蔵とにおいて、しばしば互いに大きく異なっている。

諸部派のうち、現存しているのはスリランカや東南アジア諸国において展開している上座部《じょうざぶ》のみである。諸部派の三蔵のうち、完全に現存しているのもパーリ語のかたちで現存している上座部の三蔵のみである。

ただし、おもにインド本土において展開していた説一切有部《せついっさいうぶ》の三蔵は、たとえ梵語（サンスク

表　序章－1　上座部の三蔵と説一切有部の三蔵

上座部の三蔵	説一切有部の三蔵
経蔵 『ディーガ・ニカーヤ』（『長部』） 『マッジマ・ニカーヤ』（『中部』） 『サンユッタ・ニカーヤ』（『相応部』） 『アングッタラ・ニカーヤ』（『増支部』） 『クッダカ・ニカーヤ』（『小部』）	経蔵 『長阿含経《じょうあごんきょう》』 『中阿含経《ちゅうあごんきょう》』 『雑阿含経《ぞうあごんきょう》』 『増一阿含経《ぞういつあごんきょう》』 『小阿含経《しょうあごんきょう》』
律蔵 〔※基本的にひとつ。通称『パーリ律』。〕	律蔵 〔※のちに巨大化していくつかに分割されたが、基本的にひとつ。〕
論蔵 『ダンマサンガニ』（『法集論』） 『ヴィバンガ』（『分別論』） 『ダートゥカター』（『界論』） 『プッガラパンニャッティ』（『人施設論』） 『カターヴァットゥ』（『論事』） 『ヤマカ』（『双論』） 『パッターナ』（『発趣論』）	論蔵 『阿毘達磨品類足論《あびだつまほんるいそくろん》』 『阿毘達磨識身足論《あびだつましきしんそくろん》』 『阿毘達磨法蘊足論《あびだつまほううんそくろん》』 『阿毘達磨施設足論《あびだつませせつそくろん》』 『阿毘達磨界身足論《あびだつまかいしんそくろん》』 『阿毘達磨集異門足論《あびだつまじゅいもんそくろん》』 『阿毘達磨発智論《あびだつまほっちろん》』

リット語）のかたちで現存している部分はわずかであるにせよ、もし漢訳（中国語訳）と蔵訳（チベット語訳）とのかたちで現存している部分を含めるならば、かなりの部分が現存している。その点において、説一切有部の三蔵も不完全ながら現存していると言える。

　上座部の三蔵の構成と、説一切有部の三蔵の構成とを対比するならば、上の表　序章－1のとおりである（パーリ語については『南伝大蔵経』における訳を丸括弧内に記す）。

　ほかの部派の三蔵は大部分が失われてしまい、構成がかならずしも知られていない。ただし、律蔵については、上座部と説一切有部との律蔵のほかに、法蔵部《ほうぞうぶ》と大衆部《だいしゅぶ》と化地部《けじぶ》との律蔵が漢訳のかたちで現存している（大衆部の律蔵の一部は梵語のかたちでも現存）。

法蔵部の律蔵：『四分律《しぶんりつ》』
大衆部の律蔵：『摩訶僧祇律《まかそうぎりつ》』
化地部の律蔵：『五分律《ごぶんりつ》』

このほか、諸部派においては、三蔵に対する註釈と綱要書とも書かれるようになった。たとえば、上座部においては、ブッダゴーサ（五世紀）らによって三蔵に対し註釈と綱要書とが書かれ、それによって教義が確定された。

さらに、説一切有部においては、論蔵の『阿毘達磨発智論《あびだつまほっちろん》』（前二世紀ごろ）に対し『阿毘達磨大毘婆沙論《だいびばしゃろん》』という浩瀚《こうかん》な註釈が書かれ、それによって教義が確定された。

本書においては、資料として、これら、部派仏教の文献を大いに用いる。

大乗仏教とその文献

諸部派が成立してのち、インドにおいては、紀元前後ごろから、諸部派の経蔵のうちに含まれていない、大乗経という新たな経の群れが出現し始めた。そのことによって、諸部派のうち、大乗経を支持する諸学派において、諸部派の三蔵に加え、大乗経が併用され始めた。いわゆる大乗仏教の始まりである。

大乗経を支持する諸学派は、大別して中観派、唯識派と呼ばれる二学派となった。注意すべきなのは、中観派、唯識派は諸部派と別個に存在していたのでなく、あくまで諸部派のうちに存在していたという点である。中観派、唯識派として活動していたのは、たいてい、いずれかの部派に属する出家者たちであった（ごくまれに在家者たちもいた）。

中観派の祖、ナーガールジュナ（龍樹）は『根本中頌《こんぽんちゅうじゅ》』などを、唯識派の祖、マイトレーヤ（弥勒）は『瑜伽師地論《ゆがしじろん》』などを、それぞれ著したと伝えられている。さらに、二学派においては、それらに対する註釈と綱要書とも書かれるようになった。

なお、インドから仏教が伝わった中国においては、隋、唐のころから、大乗経を支持する諸学派が独自に発生し始めた。中国から仏教が伝わった日本においては、そのような諸学派は諸宗と呼ばれるようになった。日本においては、諸宗は分裂と廃絶とを経て十三宗として現存している。諸宗のうち、インドの中観派、唯識派と直接関係するのは、インドに留学した玄奘《げんじょう》（六〇二―六六四）によって中国へ直接移入された唯識派である、法相宗のみである。諸宗においては、祖師たちがさまざまな註釈と綱要書とを著した。さらに、それらに対する註釈と綱要書とも書かれるようになった。

本書においては、資料として、これら、大乗仏教の文献をも大いに用いる。

本書の構成

本書において、筆者は以上のような部派仏教と大乗仏教との文献を用いながら、前掲の疑問――出家者の悟りのための宗教として機能している仏教が、なぜ、在家者の葬式のための宗教としても機能しているのか――に回答を提示していく。

本書の構成は次のとおりである。

第一章「布施の始まり」においては、在家者が出家者に布施を与えることが考え出されていく過程を確認する。

第二章「葬式の始まり」においては、在家者が葬式において出家者に布施を与えて亡者を引導させることが考え出されていく過程を確認する。

第三章「戒名の始まり」においては、在家者が葬式において出家者に布施を与えて亡者に戒名を授けてもらうことが考え出されていく過程を確認する。

第四章「慰霊の始まり」においては、在家者が葬式ののちに出家者に布施を与えて亡者に慰霊することが考え出されていく過程を確認する。

第五章「追善の始まり」においては、在家者が葬式ののちに出家者に布施を与えて四十九日のあいだ亡者に追善することが考え出されていく過程を確認する。

第六章「起塔の始まり」においては、在家者が葬式ののちに亡者に塔を起てることが考え出されていく過程を確認する。

結章「葬式仏教の将来」においては、第一章から第六章までにわたる確認にもとづいて、前掲の疑問に回答を提示する。

付録「『浄飯王般涅槃経』の真偽をめぐって」においては、出家者であるブッダが、在家者である父、浄飯王の葬式を行なったことが説かれている『浄飯王般涅槃経』が偽経であることを指摘する。

世界各国において亡者に対し仏教の名のもとに行なわれてきた儀礼はきわめて多様であって、その全体像を把握することは到底不可能である。一国においてすら、そのような儀礼は各時代の各集団のあいだで互いに異なっているのである。ひとつひとつの儀礼に対しては、これまで、世界各国において膨大な研究が蓄積されてきたし、今なお、研究が蓄積されつつある。

本書は、決して、そのような儀礼の全体像を把握するものではなく、あくまで、前掲の疑問に回答を提示するものである。本書において、筆者は、世界各国において仏教の名のもとにどのような儀礼が行なわれてきたのかを網羅することではなく、世界各国においてそのような儀礼がなぜ仏教の名のもとに行なわれてきたのかを俯瞰することを目指したい。

本書の方針

本書において用いられる方針はふたつある。

ひとつは、それぞれの部派／学派を別々に扱うことである。前述のように、仏教として承認されているものは部派／学派ごとに異なっている。それぞれの部派／学派はそれぞれ独自の三蔵を有し、学派はそれに加えて大乗経を併用しているのであって、いわば、それぞれの部派／学派にそれぞれの仏教があるのである。したがって、それぞれの部派／学派を混ぜて扱うことはできない。

もうひとつは、出家者と在家者とを別々に扱うことである。周知のように、仏教においては出家者と在家者とが区別されており、ブッダが出家者に対し認めることと、在家者に対し認めることとは異なっている。したがって、出家者と在家者とを混ぜて扱うことはできない。

本書において引用される、梵文、パーリ文、チベット文、漢文の資料については、原文からの現代語訳を提示する。前近代の和文、和風漢文については、史料の提示という観点から、現代語訳に原文を併記して提示する。

第一章
布施の始まり

布施《ふせ》とは、贈与である。仏教においては、出家者は在家者から布施を貰って生活することになっている。在家者が在家者の葬式において出家者に布施を与えるのはそのためである。

ところで、そもそも、なぜ在家者は出家者に布施を与えるのか。こんにちの日本においては、そのあたりに疑問を持つ在家者が出家者抜きの葬式を行なうことも増えている。しかし、本来、在家者が出家者に布施を与えることはそれなりの背景にもとづいて考え出されたのである。

本章においては、その背景について確認していきたい。

福徳としての布施

まず、在家者が出家者に布施を与えることはインドにおいて始まった。そもそも、在家者のほかに出家者が存在するようになったのはインドにおいてである。

仏教が始まったころのインドにおいては、いにしえからの宗教的権威を揮《ふる》っていた、婆羅門《ばらもん》と呼ばれる世襲祭司――これも在家者である――の権威が疑われ始め、在家者のうちから、家を捨てて真理を求める、沙門《しゃもん》と呼ばれる出家者が現われ始めていた。仏教の開祖であるブッダも沙門

表1－1　七衆

七衆	内容
比丘《びく》	正式な男性出家者（二十歳以上）
比丘尼《びくに》	正式な女性出家者（二十歳以上）
式叉摩那《しきしゃまな》	見習い女性出家者（十八歳以上、二年間）
沙弥《しゃみ》	見習い男性出家者（二十歳未満）
沙弥尼《しゃみに》	見習い女性出家者（十八歳未満）
優婆塞《うばそく》	男性在家者
優婆夷《うばい》	女性在家者

のひとりである。

ブッダのもとには、彼の考えかたに賛同する出家者たちと在家者たちとが集まった。彼らは七衆《しちしゅ》と呼ばれる。いわば、七衆は仏教徒の総体である。七衆のうちわけを表示するならば、上の表1－1のとおりである。

比丘は比丘のサンガ（団体）に属し、比丘尼は比丘尼のサンガに属して、それぞれ独身生活を送っている。沙弥は比丘によって教育され、式叉摩那と沙弥尼とは比丘尼によって教育されて、それぞれ独身生活を送っている。

ここで、出家者と在家者との目的について確認しておきたい。

仏教においては、有情《うじょう》（生物）は輪廻《りんね》において幾度も転生し続けていると考えられている。転生先は、細かく言えば五趣《ごしゅ》、大まかに言えば善趣、悪趣という二趣に区分されている。趣とは、趣く先という意味である。図示するならば、次の図1－1のとおりである。

図1－1　五趣と二趣

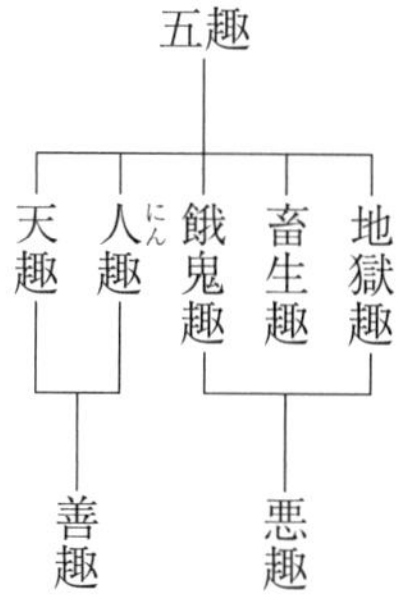

さらに、仏教においては、地球に該当するこの世界は娑婆《しゃば》世界と呼ばれている。娑婆世界は欲《よく》界《かい》（欲望界）、色界《しきかい》（物質界）、無《む》色界《しきかい》（非物質界）という三界に区分されている。欲界は下界と低級な天界とであり、色界と無色界とは高級な天界である。地獄趣、畜生趣、餓鬼趣、人趣は欲界に位置し、天趣は三界のあちこちに位置している。図示するならば、次の図1－2のとおりである。

図1－2　娑婆世界の三界と五趣

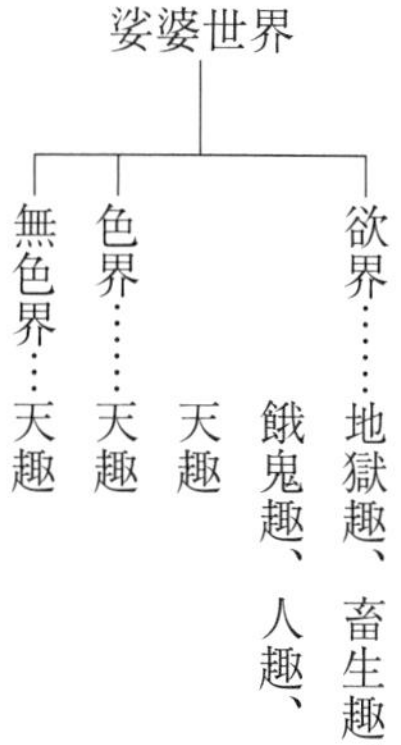

さて、仏教の考えかたにおいては、有情が輪廻において幾度も転生し続けているのは、有情が

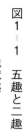

煩悩にもとづいて善業《ぜんごう》・悪業《あくごう》を積み続けているからである。煩悩にもとづいて善業を積んだ者は善趣へ転生し、煩悩にもとづいて悪業を積んだ者は悪趣へ転生する。

とりわけ、欲界において積まれる善業・悪業は、順に、福徳・罪悪と呼ばれる。

たとえば、上座部の『サンユッタ・ニカーヤ』に次のようにある。

あらゆる有情は死に至る。そもそも、いのちは死に終わる。
罪悪そして福徳の、果《か》が来て、業《ごう》のままに逝く。
罪悪業ゆえ地獄へと。福徳業ゆえ天趣へと。
それゆえ善をなしたまえ、来世のための集積を。
来世において福徳は、生類《しょうるい》たちの支えとなる。

（SN vol. I, 97）

なお、説一切有部の『雑阿含経』（巻四十二、一一二七経。T2, 335c）もほぼ同じである。

輪廻においては、善趣へ転生しても、悪趣へ転生しても、有情は苦を免れない。しかし、有情は、もし煩悩を断ちきることができるならば、煩悩にもとづく善業・悪業を積まなくなり、輪廻から脱して涅槃《ねはん》（鎮火状態）を証得することができる。涅槃を証得して死去、すなわち、般《はつ》涅槃（完全に涅槃）する者はもはや絶対に転生せず、とこしえに苦から離れる。それゆえに、仏教においては、煩悩を断ちきり、輪廻から脱して涅槃を証得することが最も高く評価されている。

煩悩をいまだまったく断ちきらない者は異生《いしょう》と呼ばれる。煩悩を部分的あるいは全体的に断ちきった者は聖者と呼ばれる。

部派仏教においては、聖者は仏《ぶつ》、独覚《どっかく》、声聞《しょうもん》という三種類であると考えられている。仏とは、他者にたよらず覚醒し、教えによって他者を覚醒させる者である。独覚とは、仏の教えがない時代に独自に覚醒した者である。声聞とは、仏の教えを聴聞する者である。

彼らの位は四果《しか》に区分されている。表示するならば、次の表1－2のとおりである。

表1－2　部派仏教における聖者の位

①預流果《よるか》	②一来果《いちらいか》
③不還果《ふげんか》	④阿羅漢果《あらかんか》

預流果、一来果、不還果は煩悩を部分的に断ちきった位、阿羅漢果は煩悩を全体的に断ちきった位である。預流果を得た者は預流、一来果を得た者は一来、不還果を得た者は不還、阿羅漢果を得た者は阿羅漢と呼ばれる。仏と独覚とは阿羅漢であり、声聞は預流、一来、不還、阿羅漢のいずれかである。輪廻から脱して涅槃を証得するのは阿羅漢である。部派仏教において考えられている聖者を図示するならば、次の図1－3のとおりである。

図1－3　部派仏教における聖者

聖者
- 仏（阿羅漢）
- 独覚（阿羅漢）
- 声聞（預流、一来、不還、阿羅漢）

大乗仏教においては、仏、独覚、声聞のほかに、仏の候補者である、十地《じゅうじ》の菩薩《ぼさつ》という聖者も考えられている。彼らの位は十地に区分されている。表示するならば、次の表1－3のとおりである。

表1－3　大乗仏教における聖者の位

①歓喜《かんき》地	②離垢《りく》地	③発光《ほっこう》地	④焔慧《えんね》地	⑤難勝《なんしょう》地
⑥現前《げんぜん》地	⑦遠行《おんぎょう》地	⑧不動《ふどう》地	⑨善慧《ぜんね》地	⑩法雲《ほううん》地

十地はいずれも煩悩を部分的に断ちきった位である。輪廻から脱して涅槃を証得するのは阿羅漢である。大乗仏教において考えられている聖者を図示するならば、次の図1－4のとおりである。

図1－4　大乗仏教における聖者

聖者
- 仏（阿羅漢）
- 独覚（阿羅漢）
- 声聞（預流、一来、不還、阿羅漢）
- 十地の菩薩

部派仏教も、大乗仏教も、煩悩を断ちきり、輪廻から脱して涅槃を証得することを勧めている点において相違しない。

さて、煩悩を断ちきることは、独身生活を送っている出家者にとっては容易であるが、結婚生活を送っている在家者にとっては困難である。

それゆえに、概して言えば、出家者は、煩悩を断ちきり、輪廻から脱して涅槃を証得することを目的としているし、在家者は、煩悩を断ちきらないまま、福徳を積むことによって、輪廻において善趣へ転生することを目的としている。

じつは、布施を与えることは福徳を積むことのひとつであるに他ならない。たとえば、上座部の『クッダカ・ニカーヤ』所収の『ダンマパダ』（二二四）に次のようにある。

まことを語れ。怒らざれ。乞われ与えよ、乏しくも。
これら三つのことにより、諸天のもとに趣かん。

ここでは、まことを語ること、怒らないこと、布施を与えることによって、天趣へ転生できると考えられている。なお、説一切有部の『ウダーナヴァルガ』（二〇・一六）もほぼ同じである。

仏教においては、布施を与えても来世に善趣への転生はないというような、唯物論的な考えかたは邪見《じゃけん》として斥けられている。たとえば、上座部の『マッジマ・ニカーヤ』に次のようにある。

じつにまた、邪見の者、顛倒見《てんどうけん》の者となる。――「〔布施をしても〕布施されたものなんてない。〔供犠《くぎ》をしても〕供犠されたものなんてない。〔護摩《ごま》をしても〕護摩されたものなんてない。善くなされた、あるいは悪しくなされた諸業《しょごう》の実り／むくいなんてない。今世なんてない。来世なんてない。母なんてない。父なんてない。化生《けしょう》である有情なんてない。今世と来世とをみずから知って、まのあたりにして説くかたがた――正しくある、正しく行じている、沙門、婆羅門なんて世にない」と。

(MN vol. I, 287)

在家者が出家者に布施を与えるのも、あくまで、輪廻において善趣へ転生するためなのである。

福徳に大きな果／報酬を得させる聖者

さて、在家者が出家者に布施を与えることは聖者崇拝を背景として考え出された。

前述のように、概して言えば、在家者は、煩悩を断ちきらないまま、福徳を積むことによって、輪廻において善趣へ転生することを目的としている。そして、在家者は、聖者に布施を与えた場合、その福徳によって大きな果《か》／報酬を得ると考えられているのである。

たとえば、上座部の『クッダカ・ニカーヤ』所収の『スッタニパータ』(四八六)に次のようにある(文中の「献菓《けんか》」とは、神に献げる餅菓子を、「福田《ふくでん》」とは、福徳に実りをもたらす田を指す)。

御身《おんみ》、ブッダは献菓に足る。この上もない福田で、
世の皆にとり、御嘉納者《ごかのうしゃ》。御身《おみ》への布施に大きな果。

(Sn 86)

ここでは、ブッダへの布施は大きな果を得ると考えられている。

さらに、上座部の『サンユッタ・ニカーヤ』に次のようにある（文中の「牟尼《むに》」とは、仏の称号のひとつ）。

誰に施物《せもつ》を施すべき。誰への布施に大きな果。
供えをいかになす者に、報酬いかに栄えゆく。
およそ前世を知悉して、天界・地獄を実見し、
生《しょう》の尽きるに達しては、神通とげた牟尼《むに》なるもの——
彼に施物を施せよ。彼への布施に大きな果。
かく供えつつある者に、かく報酬は栄えゆく。

（SN vol. I, 175）

ここでも、ブッダへの布施は大きな果／報酬を得ると考えられている。なお、説一切有部の『雑阿含経』（一一八一経。T2, 319c）もほぼ同じである。

さらに、上座部の『マッジマ・ニカーヤ』に次のようにある（文中の「コーティ」とは、一千万を意味する数詞）。

その場合、アーナンダよ、
①畜生に布施を与えたなら、百倍の報酬が期待されうる。

②破戒の異生に布施を与えたなら、千倍の報酬が期待されうる。
③持戒の異生に布施を与えたなら、百千倍の報酬が期待されうる。
④諸欲に対し離貪した異教徒に布施を与えたなら、百千コーティ倍の報酬が期待されうる。
⑤預流果の現証へ向かっている者に布施を与えたなら、無数無量なる報酬が期待されうる。
ましてや、⑥預流については言うまでもない。
ましてや、⑦一来果の現証へ向かっている者については言うまでもない。
ましてや、⑧一来については言うまでもない。
ましてや、⑨不還果の現証へ向かっている者については言うまでもない。
ましてや、⑩不還については言うまでもない。
ましてや、⑪阿羅漢果の現証へ向かっている者については言うまでもない。
ましてや、⑫如来の声聞である阿羅漢については言うまでもない。
ましてや、⑬独覚については言うまでもない。
ましてや、⑭如来・阿羅漢・正等覚者については言うまでもない。

（MN vol. III, 255）

ここでは、聖者への布施は無数無量なる報酬が期待されると考えられている。なお、説一切有部の『中阿含経』（巻四十七。T1, 722b）もほぼ同じである。

このように、在家者は、聖者に布施を与えた場合、その福徳によって大きな果／報酬を得ると考えられているのである。

サンガの中核は⑤から⑫までの聖者である出家者である。在家者は、聖者に布施を与え、その福徳によって大きな果／報酬を得、それを受けて死後に善趣へ転生することを願って、出家者に布施を与えるのである。

福徳に大きな果／報酬を得させるための聖者の定

ここまでにおいては、在家者は、聖者に布施を与えた場合、その福徳によって大きな果／報酬を得ると考えられているにせよ、なぜ、聖者に布施を与えた場合、そうなのかは考えられていない。この点については、おそらく、のちになって、在家者は、聖者である出家者に布施を与えた場合、出家者が聖者の定《じょう》（集中状態）に入ることによって大きな果／報酬を得、それを受けて死後に天趣へ転生すると考えられるようになった。在家者から与えられる布施は、まとめれば、①衣、②食、③寝具坐具、④病人の援助となる薬と生活用品とである。

たとえば、上座部の『アングッタラ・ニカーヤ』に次のようにある。

比丘たちよ、これらが、天界にかかわるものであるし、安楽を異熟《いじゅく》（むくい）とするものであるし、天界へ導くものである、四つの、福徳の等流《とうる》（流れ込み）であるし、善の等流であるし、安楽にとっての糧《かて》であって、好ましいものへ、望ましいものへ、意にかなうものへ、貢献へ、安楽へ導くのである。四つとは何かというならば――

比丘たちよ、比丘がある者たち（在家者）のもとに、①衣を享受しつつ、無量なる心定《しんじょう》（心の集中状態）を具えて住まう場合、その者たちのもとに、天界にかかわるものであるし、安楽を異熟とするものであるし、天界へ導くものである、無量なる、福徳の等流があるし、善の等流があるし、安楽にとっての糧があるのであって、好ましいものへ、望ましいものへ、意にかなうものへ、貢献へ、安楽へ導くのである。

比丘たちよ、比丘がある者たち（在家者）のもとに、②食を享受しつつ、無量なる心定を具えて住まう場合、その者たちのもとに、天界にかかわるものであるし、安楽を異熟とするものであるし、天界へ導くものである、無量なる、福徳の等流があるし、善の等流があるし、安楽にとっての糧があるのであって、好ましいものへ、望ましいものへ、意にかなうものへ、貢献へ、安楽へ導くのである。

比丘たちよ、比丘がある者たち（在家者）のもとに、③寝具坐具を享受しつつ、無量なる心定を具えて住まう場合、その者たちのもとに、天界にかかわるものであるし、安楽を異熟とするものであるし、天界へ導くものである、無量なる、福徳の等流があるし、善の等流があるし、安楽にとっての糧があるのであって、好ましいものへ、望ましいものへ、意にかなうものへ、貢献へ、安楽へ導くのである。

比丘たちよ、比丘がある者たち（在家者）のもとに、④病人の援助となる薬と生活用品を享受しつつ、無量なる心定を具えて住まう場合、その者たちのもとに、天界にかかわるものであるし、安楽を異熟とするものであるし、天界へ導くものである、無量なる、福徳の等流があるし、善の等流があるし、安楽にとっての糧があるのであって、好ましいものへ、望ましいものへ、意にかなうものへ、貢献へ、安楽へ導くのである。

比丘たちよ、これらが、天界にかかわるものであるし、安楽を異熟とするものであるし、天界へ導くものである、四つの、福徳の等流であるし、善の等流であるし、安楽にとっての糧であって、好ましいものへ、望ましいものへ、意にかなうものへ、貢献へ、安楽へ導くのである。

（AN vol. II, 54–55）

なお、説一切有部の某経もほぼ同じである（本庄良文［2014b: 524–526］）。

ブッダゴーサの註釈（ANA vol. III, 93）においては、「「無量なる心定」とは、阿羅漢果の定である」と註釈されている。聖者である出家者に布施を与えた在家者は、出家者が聖者の定に入ることによって大きな果／報酬を得、それを受けて死後に善趣へ転生すると考えられているのである。

布施の背景としての聖者崇拝

本章においては、仏教において在家者が出家者に布施を与えることが考え出されるようになった背景について確認してきた。まとめれば、次頁の表1−4のとおりである。

表1－4　在家者が出家者に布施を与えることの背景

	背景
在家者が出家者に布施を与えること	インドにおける聖者崇拝

在家者が出家者に布施を与えることが考え出されるようになったのは、在家者は、聖者である出家者に布施を与えた場合、その福徳によって大きな果／報酬を得、それを受けて死後に善趣へ転生すると考えられていたからである。在家者が出家者に布施を与えることは、本来、聖者崇拝を背景として始まったのである。

在家者が出家者に与える布施は、決して、出家者が在家者に提供してくれるサービスに対する代価ではない。たとえ出家者が在家者に何かサービスを提供してくれなくても、聖者である出家者が布施を貰ってくれるだけで、在家者は死後に善趣へ転生することができ、充分に得をするのである。

ところが、のちになると、布施と引き換えに、葬式、戒名、慰霊、追善、起塔について、出家者が在家者にサービスを提供してくれるようになった。こんにちの日本において、布施は出家者が提供してくれるサービスに対する代価であると考えられがちであるが、それは出家者がそのようなサービスを提供してくれるようになったからである。第二章から第六章にかけては、葬式、戒名、慰霊、追善、起塔について順に確認していくことにしたい。

第二章

葬式の始まり

葬式とは、葬送儀礼である。

第一章において確認したように、仏教においては、有情《うじょう》（生物）は死後にかならず転生あるいは般涅槃《はつ》すると考えられている。転生あるいは般涅槃した有情はすでに遺体と別物である。したがって、原理的に言えば、遺体に葬式を行なうことは決して必要でない。ただし、のちには、さまざまな背景にもとづいて、仏教においても遺体に葬式を行なうことが考え出されるようになった。

本章においては、その背景について確認していきたい。確認にあたっては、厳密を期して、次の四つを区別する。

一　出家者が出家者の葬式を行なうこと
二　在家者が出家者の葬式を行なうこと
三　出家者が在家者の葬式を行なうこと
四　在家者が出家者に布施を与えて引導させて在家者の葬式を行なうこと

一　出家者が出家者の葬式を行なうこと

捨てられなくなった出家者の遺体――インド

まず、出家者が出家者の葬式を行なうことはインドにおいて考え出された。

前述のように、仏教においては、有情は死後にかならず転生あるいは般涅槃すると考えられている。転生あるいは般涅槃した有情はすでに遺体と別物である。それゆえに、インドにおいては、もともと、出家者の遺体は路傍に捨てられていた。出家者の遺体に葬式を行なうことは、あくまで、のちになって考えられるようになったのである。

たとえば、大衆部の『摩訶僧祇律』に次のようにある。

もし〔比丘が〕無常（死去）し、彼に衣鉢があったなら、人を雇って闍維《じゃい》（荼毘《だび》。火葬）すべきである。もし〔衣鉢が〕なかったなら、〔遺体を〕捨てて去るべきである。俗人（在家者）が「どうしてその死骸を置いて去るのか」と不機嫌になるとする。もし〔みずからに対し〕地想《じそう》（大地であるという想い）をなせるなら、〔遺体を〕担いで遠くの場所に置くべきである。（巻二十八。T22, 456c）

さらに、化地部の『五分律』に次のようにある。

ひとりの肥った比丘が末期《まつご》を迎えた。比丘たちは〔遺体を〕運んで、生の草の上に置いた。〔遺体から〕脂《あぶら》が流れ出し、生の草をみだりに殺した。異教徒たちはそしって言った。「沙門釈子《しゃくし》は自分では慈しみの念を言っているくせに、今やどうして生命あるものを殺すのか。」比丘たちはそのことをブッダに告げた。ブッダはおっしゃった。「生の物の上に置かれるべきではない。埋めるか、火で焼くか、石の上に置かれるべきである。」

（巻二十一。T22, 143b）

さらに、説一切有部の『根本説一切有部毘奈耶雑事《こんぽんせついっさいうぶびなやぞうじ》』に次のようにある。

シュラーヴァスティーにひとりの長者が住んでいた。彼は同等の種姓《しゅしょう》の者から妻を娶り、彼は彼女と一緒にすごして、息子が生まれた。新生児に対する三七日すなわち二十一日の誕生祭を盛大に行なってのち、彼（息子）は種姓にふさわしい名称を付けられた。〔彼が〕育ってのち、大きくなったと言われるまでは、先のとおりである。

いくばくかして、別の時に、善く説かれた法（経）と律とにおいて出家したが、彼の〔身の〕構成要素が不調となってのち、病となった。彼は根、茎、花、実でできたもろもろの薬によって看病されたが、無益なまま、逝去した。

彼は比丘たちによって衣鉢とともに路傍に捨てられた。いくばくかして、歩いてきた婆羅《ばら》門《もん》や居士《こじ》、彼らによってその道から彼が見られた。彼についていて、ひとりが言った。「みんな、釈子《しゃくし》が死んでいるぞ。」

ほかの者たちが言った。「こっちへ来いよ。見るがいい。」

彼らは見てのち、誰だかわかった。彼らは言った。「みんな、こいつはなにがしという長者の息子で、寄《よ》る辺《べ》ない沙門釈子たちのうちに出家してのち、このような状態となったのだ。こいつらのうちに出家していなかったら、こいつはその親戚たちによって丁重に扱われていただろうに。」

そのことを世尊に比丘が告げると、世尊はおっしゃった。「そうであるならば、許可するので、死んだ比丘に丁重な扱いがなされるべきである。」

世尊が「死んだ比丘に丁重な扱いがなされるべきである」とおっしゃると、比丘たちはどのように丁重な扱いをなすべきかわからなかったので、世尊はおっしゃった。「焼かれるべきである。」

世尊が「焼かれるべきである」とおっしゃると、世尊に具寿ウパーリンがお訊ねした。「御前《ごぜん》さま、世尊によって「この身には虫が八万種類いる」と言われたこと、そのことはいかがでしょうか。」

世尊はおっしゃった。「ウパーリンよ、彼が生まれてまもなく彼ら（虫）も生まれるし、死の時に彼らも死ぬのであるが、そうであっても、〔虫がいないかどうか〕傷口を確かめた上で焼かれるべきである。」

世尊が「焼かれるべきである」とおっしゃると、木が充分でなかったので、その状況を世尊に比丘が告げると、世尊はおっしゃった。「もろもろの河のうちに棄てられるべきである。」河がなかったので、世尊はおっしゃった。「地を掘ってのち、埋められるべきである。」夏には地も硬く、木も生物がいるようになったので、世尊はおっしゃった。「暗いところに頭を北向きに呈し、枕として草の束を置き、右脇を付けさせ、草か葉かの積み重ねによって覆い、報酬（ダクシナー）を差し向けて、『三啓法《さんけいほう》』の聴聞を与えてのち、解散すべきである。」

比丘たちはそのように解散したが、婆羅門や居士たちが「釈子沙門たちは遺体を運んでのち、沐浴しないままそのまま解散した。不浄だ」とそしったので、その状況を世尊に比丘が告げると、世尊はおっしゃった。「そのまま解散してはならず、沐浴すべきである。」

彼ら全員が沐浴を始めると、世尊はおっしゃった。「全員が沐浴しなくていいが、〔遺体に〕触った者たち、その者たちは衣とともに沐浴すべきである。他の者たちは手足だけを沐浴させるべきである。」

彼らが塔を敬礼しなかったので、世尊はおっしゃった。「塔が敬礼されるべきである。」

（Gregory Schopen［1997: 215–216］校訂蔵文。Schopen が付した英訳を参照した）

『根本説一切有部毘奈耶雑事』において「報酬（ダクシナー）を差し向けて、『三啓法』の聴聞を与えてのち」と説かれているうち、「報酬」とは、祝福である。『三啓法』とは、説一切有部のごく短い諸経の前後にそれぞれ仏教詩人アシュヴァゴーシャ（馬鳴《めみょう》。二世紀）らの詩を付して三段としたテキストを指す。これについては、七世紀にインドに留学した中国人出家者、義浄《ぎじょう》（六三五―七一三）が『南海寄帰内法伝《なんかいききないほうでん》』（巻四、讃詠之礼。**T54, 227a**）において『三啓』として言及しているほか、近年、四十種類の『三啓』の集成である梵文写本が紹介されつつある（松田和信［2019］ほか）。もともと、出家者は、在家者から布施を与えられた場合、返礼として在家者に報酬を差し向けていたのであるが（後述）、説一切有部においては、出家者は出家者の葬式において亡者に報酬を差し向けるようにもなったらしい。

これらによって、少なくとも大衆部、化地部、説一切有部において、もともと、出家者の遺体が路傍に捨てられていたこと、のちになって、葬式に該当するものが行なわれるようになったことがわかる。説一切有部においては、火葬、水葬、土葬、そして、『三啓法』の聴聞を与えた上での野葬が「丁重な扱い」と呼ばれていたが、「丁重な扱い」は葬式に該当する。

ちなみに、諸部派においては、比丘が地を掘ること、掘らせることは波逸提《はいつだい》（償いの罪）として禁じられている。たとえば、上座部の波羅提木叉の学処《がくしょ》（道徳律）に次のようにある。

> 誰であれ比丘が地を掘るならば、あるいは掘らせるならば、波逸提である。（VP vol. IV, 33）

ここでは上座部の学処を挙げたが、ほかの諸部派の学処もほぼ同じである。出家者の遺体がもともと路傍に捨てられていたのは、比丘が地を掘ること、掘らせることが禁じられているせいでもあったと推測される。

こののち、インドにおいては、八世紀ごろに後期密教に属する『グヒヤサマージャ・タントラ』（『秘密集会タントラ』と訳されることが多い）『ドゥルガティパリショーダナ・タントラ』（『悪趣清浄タントラ』と訳されることが多い）などが出現するとともに、それらにもとづいて、阿闍梨《あじゃり》（密教行者）である出家者が出家者の葬式を行なうことが考えられるようにもなった（種村隆元［2004］［2012a］［2012b］、桜井宗信［2006］［2007］［2009］［2010］）。なお、『ドゥルガティパリショーダナ・タントラ』においては火葬が採用されている。

配慮された土着習俗

さて、出家者が出家者の葬式を行なうことは土着習俗を背景として考え出された。そのことは、前掲のように、少なくとも大衆部、化地部、説一切有部において、出家者が出家者の遺体を路傍に捨てることが在家者から問題視され、それによって、土着習俗に配慮して、出家者が出家者の葬式に該当するものを行なうことが考えられるようになったことからわかる。

ちなみに、七世紀にインドに留学した中国人出家者、玄奘が見聞した、インドにおける土着習俗として、弁機『大唐西域記』に次のようにある（先行訳として水谷真成［1971: 70］を参照した）。

葬送については、そのやりかたは三つある。

第一は火葬と言い、薪を積んで焚く。

第二は水葬と言い、流れに沈めて流す。

第三は野葬と言い、林に捨てて獣に食らわせる。

国王の崩御については、先に嗣子を立て、喪祭をつかさどらせ、〔序列の〕上下を定める。

生まれた際に吉祥な名を付けるのであって、死んだ際に諡《おくりな》を議することがない。

喪家に人は食事に行かない。葬式のあとは常態に復し、諱《い》むことがない。

死者を葬送した者たちは不潔と規定され、みな、区画の外において沐浴したのちに入る。

（巻二。T51, 877c–878a）


これを前掲の『根本説一切有部毘奈耶雑事』と比較するに、説一切有部において出家者が出家者の葬式を行なうことが土着習俗に配慮したものであることがよくわかる。出家者が出家者の葬式を行なうことは、あくまで、在家者との軋轢を避けるために考え出されたのである。出家者は在家者からの布施にたよって生活しているから、在家者との軋轢を招くことを極力避けているのである。

捨てられにくかった出家者の遺体――中国

中国においては、もともと、土着習俗として土葬が行なわれていた。たとえば、『孟子』滕文公上に次のようにある（先行訳として宇野精一［2019: 173］を参照した）。

思うに、上古の世には親を葬らない世があって、親が死ねば、誰しもこれを谷間に捨てた。他日《たじつ》、そこを通りかかるに、狐《きつね》や狸《たぬき》がこれを食らい、蠅《はえ》や蚋《ぶゆ》や螻蛄《けら》がこれを食らっていたので、その額に冷や汗が浮かび、正視できなかった。その冷や汗が浮かんだのは、他人を気にして冷や汗が浮かんだのではない、本心から顔に現われたのである。思うに、帰って道具をそろえ、もっこや鍬で掘り返してこれを覆った。これを覆うことがまことに正しいなら、孝《こう》子《し》、仁人《じんじん》がその親を覆うにあたっても、やはりかならず道があるのである。

仏教が伝わってのち、中国においては、出家者が出家者の葬式を行なうことが諸部派の律にもとづいて考えられるようになった。唐において、諸部派の律を総合的に参照しつつ、出家者が出家者の葬式を行なうことに一定の模範を示したのは、南山律宗の祖、道宣《どうせん》（五九六―六六七）である。

道宣『四分律刪繁補闕行事鈔《しぶんりつさくはんほけつぎょうじしょう》』に次のようにある。

中央の国（インド）に四葬がある。
水葬。これ（遺体）を江《かわ》の流れに投ずる。
火葬。これ（遺体）を火で焚く。

土葬。これ〔遺体〕を岸の傍らに埋める。

林葬。これ〔遺体〕を中野《ちゅうや》に棄て、鷲や虎の食らうところとなす。

律においては、火葬、林葬という二つが多く明らかにされているが、埋めること〔土葬〕もある。


（巻下四。T40, 145b）

さらに、道宣『続高僧伝』に次のようにある。


しかるに、西域の本来の葬送については、その流れは四つあった。

火葬。薪をもって焚く。

水葬。深い淀に沈める。

土葬。岸の傍らに埋める。

林葬。これ〔遺体〕を中野に棄てる。

法王〔ブッダ〕と転輪聖王《てんりんじょうおう》〔帝王〕とはともに火葬による。〔火葬は〕世間において重んじられ、常習されている。ほかはまれに行なわれる。

東夏《とうか》〔中国〕に伝えられたものとしては、ただ林葬、土葬を聞くにすぎない。水葬、火葬という二つを設けることは世間においてその先蹤がまれである。


（巻二十七。T50, 685b）

ここでは、唐以前において、出家者が出家者の葬式を行なうことは、林葬、土葬がもっぱらであって、水葬、火葬はまれであったと説かれている。現実に、南北朝の南朝においては、火葬は聖者の葬式にのみ用いられる特別な葬法と考えられていたらしい（後述）。

前述のように、中国においては、もともと、土着習俗として土葬が行なわれていた。したがって、出家者が出家者の葬式を行なうことも、当初、土着習俗を背景として土葬によっていたと考えられる。のちになって、そこに林葬が加わった。

僧祐《そうゆう》『出三蔵記集《しゅつさんぞうきしゅう》』（巻十五、慧遠《えおん》法師伝。T55, 110c）においては、東晋の末において、中国浄土教の祖、盧山《ろざん》の慧遠（三三四―四一六）が亡くなった時、弟子たちが遺言にもとづいて彼の遺体を松の下に晒し、そののち、遺骨を回収して墓に葬ったことが伝えられている。インドにおいては、林葬ののちに遺骨を回収することはない。それゆえに、慧遠もみずからの遺骨を回収することを遺言しなかった。しかるに、中国においては、先の『孟子』にあったように、林葬は人情に悖《もと》ることであったから、弟子は林葬ののちに師の遺骨を回収して墓に葬ったのである。

林葬は人情に悖ることではあるが、鳥獣や昆虫に食を施すことでもある。こののち、南北朝においては、鳥獣や昆虫に食を施すことを目的として林葬を遺言する出家者が現われるようになった。宝唱《ほうしょう》『比丘尼伝』（巻二、慧瓊《えけい》尼伝。T50, 938b）においては、南朝の劉宋において慧瓊尼（？―四四三）が亡くなった時、弟子たちが遺言によって彼女の遺体を山の中に置いたが、鳥獣が食らわなかったため、遺体を回収して墓に葬ったことが伝えられている。

ただし、南北朝においては、林葬は広まらなかった。たとえば、慧皎《えこう》『高僧伝』（巻八、慧球《えぐ》伝・智順《ちじゅん》伝。T50, 381a; 381b）においては、南朝の梁において慧球（四三一―五〇四）や智順（四四七―五〇七）が亡くなった時、弟子たちは遺言にもとづいて林葬を行なうに忍びなかったと伝えられている。さらに、道宣『続高僧伝』（巻十六、僧副伝。T50, 550c）においても、南朝の梁において僧副（四六四―五二四）が亡くなった時、弟子たちは遺言にもとづいて林葬を行なうに忍びなかったと伝えられている。

林葬が広まったのは、南北朝を統一した隋、それを継承した唐においてである。道宣『続高僧伝』、賛寧『宋高僧伝』においては、少なからざる出家者たちが林葬を遺言し、弟子たちが林葬を行なったことが伝えられている。著名な出家者としては、たとえば、『続高僧伝』（巻十一、吉《きち》蔵《ぞう》伝。T50, 514c）において伝えられている、三論宗の大成者、吉蔵（五四九―六二三）、『宋高僧伝』（巻六、宗密《しゅうみつ》伝。T50, 742a）において伝えられている、華厳宗の第五祖、宗密（七八〇―八四一）などが挙げられる。ただし、隋と唐とにおいても、林葬、土葬のうちでは、林葬は少なく、土葬が多かった。

火葬が広まったのは北宋においてである。当時、中国においては禅宗が発展しつつあり、諸部派の律に代わって、禅宗独自の教団運営規則である清規《しんぎ》が形成されつつあった。崇寧二年（一一〇三）の序を有する現存最古の清規、長盧宗賾《ちょうろそうさく》『禅苑清規《ぜんねんしんぎ》』（巻七、亡僧・尊宿遷化）においては、夭折の出家者（亡僧）の葬式としては火葬、高徳の出家者（尊宿）の葬式としては焚火と入塔とが併記されている。焚火とは火葬、入塔とは遺体を坐らせたまま龕《がん》（厨子《ずし》）に納め、塔の地下に入れることである。

中国においては、このころに至って、出家者が出家者の葬式を行なうことは火葬によることが主流となったのである。

ちなみに、入塔の場合、しばしば、遺体に漆布が貼られ、乾漆像――ミイラ――が作られた。遺体に漆布を貼って乾漆像を作ることは決して禅宗においてのみあったわけではないが、禅宗においては、古くは四祖道信《どうしん》（五八〇―六五二）の遺体に漆布が貼られたことが杜朏《とひ》『伝法宝紀《でんほうぼうき》』（ZG2, 380）において伝えられ、六祖慧能《えのう》（六三八―七一三）の遺体に漆布が貼られたことが賛寧『宋高僧伝』（巻八、慧能伝。T50, 755b）において伝えられ、このようなことはしばしばあったようである（中国の出家者のミイラについては小杉一雄［1993］、松本昭［1993］。現存する六祖慧能のミイラについては徐恒彬、田熊信之〔訳〕［1993］、森本岩太郎［1993］）。

捨てられなくなった出家者の遺体――日本

日本においては、もともと、土着習俗として土葬が行なわれていた。たとえば、『魏志倭人伝』（『魏志』烏丸鮮卑東夷伝倭人条）に次のようにある。

その死するにおいては、棺《ひつぎ》があって槨《そとばこ》がなく、盛り土して冢《つか》を作る。

したがって、出家者が出家者の葬式を行なうことも、当初、土着習俗を背景として土葬によっていたと考えられる。飛鳥時代の末になって、そこに火葬が加わった。『続日本紀』文武天皇四年（七〇〇）三月己未（十日）条においては、かつて唐に留学して玄奘に師事し、帰国後に元興寺に住んでいた道昭《どうしょう》（六二九―七〇〇）が亡くなった時、弟子たちが遺言にもとづいて遺体を日本初の火葬に付したことが伝えられている。

ただし、こののち、平安時代においては、穢《え》の思想が発生したことによって、血縁者ならざる者の葬式を行なうことが避けられるようになっていった。それにしたがって、亡き出家者が高位の出家者でない場合、出家者が出家者の葬式を行なわず、遺体を路傍に捨てることも拡がっていった。『今昔物語』巻十三第三十話においては、比叡山東塔《とうとう》の出家者、広清《こうじょう》が亡くなった時、弟子が近き辺に棄てたことが伝えられ（勝田至［2003: 37］）、巻二十八第十七話においては、東大寺の出家者が「自分が死んだら大路に棄てられるだろう」と述べたことが伝えられている（勝田至［2003: 179］）。

そのような状況に対し、寛和二年（九八六）、天台宗の源信《げんしん》（九四二―一〇一七）を中心とする二十五人の出家者が葬式のための互助組織として二十五三昧会を結成し、会員の葬式を行なうようになった。鎌倉時代においては、二十五三昧会は、出家者のみならず在家者をも含め、念仏講というかたちで会員の葬式を行なっていた（勝田至［2003: 177–186］）。

さらに、鎌倉時代においては、北宋、南宋から禅宗や律宗（いわゆる北京律《ほっきょうりつ》）が伝えられた。前述のように、北宋においては出家者が出家者の葬式を行なうことが普通であったから、その影響を受けて、日本においても出家者が出家者の葬式を行なうことが増えていった。

前述のように、中国においては、北宋に至って、出家者が出家者の葬式を行なうことは火葬によることが主流となったから、日本においても、このころに至って、出家者が出家者の葬式を行なうことは火葬によることが主流となったのである。

二　在家者が出家者の葬式を行なうこと

供養されるようになった阿羅漢の遺体——インド

次に、在家者が出家者の葬式を行なうこともインドにおいて考え出された。インドにおいては、亡き出家者が阿羅漢である場合、在家者が出家者の葬式を行なうことが考えられていたのである。第一章において確認したように、阿羅漢と呼ばれるのは、聖者のうち、次のような三者である。

①　仏
②　独覚
③　阿羅漢である声聞

仏は如来とも呼ばれる。上座部においては、ブッダは①如来の遺体供養を在家者に任せたと伝えられている。たとえば、『ディーガ・ニカーヤ』大般涅槃経に次のようにある。

「御前《ごぜん》、わたしたちはどのように如来の遺体に対しふるまいましょうか。」

「アーナンダよ、おまえたちは如来の遺体供養にわずらわされるな。さあ、アーナンダよ、おまえたちは正しい利に精励せよ。正しい利に取り組め。正しい利に不放逸、熱烈、没頭した者としてとどまれ。アーナンダよ、如来に対し浄信篤い、王族の賢者たちも、婆羅門の賢者たちも、居士の賢者たちもいる。彼らが如来に遺体供養をなすであろう。」

「でしたら、御前、〔彼らによって〕どのように如来の遺体に対しふるまわれるべきでしょうか。」

「アーナンダよ、じつに、転輪聖王《てんりんじょうおう》の遺体に対しふるまうように、そのように、如来の遺体に対しふるまわれるべきである。」

「でしたら、御前、〔彼らは〕どのように転輪聖王の遺体に対しふるまいましょうか。」

「アーナンダよ、〔彼らは〕転輪聖王の遺体を、傷められていない布によって包んでのち、打ちほぐされた綿によって包む。打ちほぐされた綿によって包んでのち、傷められていない布によって包む。このやりかたによって、五百回、転輪聖王の遺体を包んでのち、鉄の油槽に入れてのち、ほかの鉄槽によって覆ってのち、あらゆる香木の堆積を作ってのち、転輪聖王の遺体を燃やす。大きな四つ辻に転輪聖王の塔を作る。アーナンダよ、じつに、このように、〔彼らは〕転輪聖王の遺体に対しふるまうのである。

アーナンダよ、じつに、転輪聖王の遺体に対しふるまうように、そのように、如来の遺体に対しふるまわれるべきである。大きな四つ辻に如来の塔が作られるべきである。そこに対し、花輪か香か脂粉かを捧げるであろう、あるいは敬礼するであろう、あるいは心を浄めるであろう者たち、彼らにとって、それは長夜にわたって貢献のためとなり安楽のためとなるであろう。」
（DN vol. II, 141–142）

ここでの「おまえたち」とは、あらゆる出家者である（榎本文雄［2007］。アーナンダであるとするグレゴリー・ショーペンの説〈和訳はグレゴリー・ショーペン、平岡聡〔訳〕［1996］〉は正確でない）。遺体供養とは、葬式と起塔とを含む概念であり、上座部の『ディーガ・ニカーヤ』大般涅槃経においては、如来の遺体供養が出家者から取り上げられ、在家者に任されているのである。上座部の蔵外文献『ミリンダパンハー』においては、如来の遺体供養は在家者がなすべきことであって出家者がなすべきことではないと明言されている。同書に次のようにある（文中の「勝者《しょうじゃ》」とは、ブッダを指す）。

他ならぬ、勝者の息子たち（出家者たち）について、「アーナンダよ、おまえたちは如来の遺体供養にわずらわされるな」とおっしゃったのです。というのも、大王よ、この〔遺体〕供養なるもの、これは勝者の息子たちの仕事ならざるものなのです。
（Mp 177–178）

〔遺体〕供養は残りの人天《にんでん》たち（在家者たち）のなすべきことです。
（Mp 178）

上座部においては、ブッダは③阿羅漢である声聞の遺体供養を在家者に任せたとは伝えられていない。ただし、上座部の『マッジマ・ニカーヤ』（MN vol. III, 269）と『サンユッタ・ニカーヤ』（SN vol. IV, 63）とに対するブッダゴーサの註釈においては、阿羅漢である声聞プンナの遺体供養を大勢の人——在家者たち——がなしたことが伝えられている。同註釈に次のようにある。

大勢の人が、七日間、上座《じょうざ》（プンナ）に遺体供養をなしてのち、多くの香木を組み合わせてのち、遺体を荼毘（火葬）してのち、遺骨を集めて、塔を作ったのである。

（MNA vol. V, 92; SNA vol. II, 380）

さらに、『クッダカ・ニカーヤ』所収の『ジャータカ』に対する伝ブッダゴーサの註釈においても、阿羅漢である声聞モッガッラーナの火葬を人天《にんでん》たち——在家者たち——が行なったことが伝えられている。同註釈に次のようにある。

〔天たちは〕天上の、香、花輪、香水、抹香と、さまざまな薪とを集めてのち、やってきた。九十九肘《ラタナ》の栴檀の堆積となった。師（ブッダ）は上座（モッガッラーナ）の傍に立ってのち、遺体の安置を行なわせた。火葬場の全周囲にわたって一ヨージャナの範囲に花の雨が降った。天たちのうちに人たちが、人たちのうちに天たちが立った。七日間、祭礼を行なった。師（ブッダ）は上座（モッガッラーナ）の遺骨を集めさせ、竹林《ちくりん》の門からの道に塔を作らせたのである。

（JA vol. V, 126–127）

さらに、五世紀に上座部の勢力圏であるシンハラ〔現在のスリランカ〕を訪れた中国人出家者、法顕《ほっけん》（三三七―四二二）の旅行記『高僧法顕伝』においても、阿羅漢である声聞の火葬を在家者である国王が行なったことが伝えられている。同書に次のようにある。

王城から七里の南に、マハーヴィハーラ〔大寺〕という名の一精舎がある。三千人の僧侶が住んでいる。ひとりの高徳な沙門がいたが、その戒行は清潔であって、国民はみな「阿羅漢であろうか」と疑っていた。臨終の時、王が来て見舞い、法に則って僧侶を集めて質問した。「この比丘は得道《とくどう》しておられるか。」

彼らはただちに事実をもって回答した。「阿羅漢でございます。」〔彼が〕命終したのち、王は即座に経と律とを勘案して阿羅漢の法によってこれを葬った。精舎から四、五里の東に好ましい大きな薪を、縦横《たてよこ》三丈あまり、高さもそれに近く積み、上に梅檀、沈水、もろもろの香木を置き、四辺に階段を作り、上に清らかな好ましい白い毛織物でもって積みものの上を包み込んだ。〔別個に〕大きな輿《こし》を作った。〔輿は〕わが国〔中国〕における輀車《じしゃ》〔喪車〕に似ており、ただ、龍魚が付いていないだけである。

闍維《じゃい》〔荼毘。火葬〕の時、王と国民とである四衆〔比丘、比丘尼、優婆塞、優婆夷〕はみな集まって花と香とによって供養した。輿から墓所まで、王がみずから花と香とによって供養し、供養しおわってのち、輿を積みものの上に置き、酥油《そゆ》〔バターオイル〕をあまねく灌いで、しかるのちにこれを焼いた。火が燃える時、人々は敬心をもっておのおの上服、羽儀（王旗）、傘蓋を外し、はるかに火中に擲って闍維を助けた。闍維が終わってのち、取り調べて骨を回収し、ただちに塔を起てた。

法顕が来たのは彼の生存中に及ばないころであって、ただ葬式を見ただけであった。

（T51, 865b）

これによって、上座部においては、①如来の遺体供養のみならず、③阿羅漢である声聞の遺体供養も在家者に任されていたことがわかる。

次に、説一切有部においても、ブッダは①如来の遺体供養を在家者に任せたと伝えられている。『根本説一切有部毘奈耶雑事』に次のようにある。

すると、具寿アーナンダは世尊に次のように告げた。「御前《ごぜん》、世尊が逝きたまうたのち、世尊の遺体に対しわたしたちはどのように供養への望みをなしとげましょうか。」

「アーナンダよ、おまえは心わずらうな。浄信篤い、婆羅門たち、居士たちとがこれをなしとげるであろう。」

「御前、浄信篤い、婆羅門たちと居士たちとはこれをどのようになしとげましょうか。」

「アーナンダよ、具体的には、転輪聖王の〔遺体に対する〕ように、そのようにである。」

「御前、転輪聖王の〔遺体に対するように〕とはどのようにでしょうか。」

「アーナンダよ、転輪聖王の遺体は、打ちほぐされた綿によって包まれる。打ちほぐされた綿によって包んでのち、〔このやりかたによって、〕五百回、包まれる。五百回、包んでのち、鉄槽に入れてのち、油によって漬けてのち、上からほかの鉄槽によって覆ってのち、あらゆる香木を積んでのち、それによって燃やしてのち、それらもろもろの火を牛乳によって消す。彼の遺骨を黄金の壺のうちに納めてのち、大きな四つ辻に遺骨の塔を起ててのち、相輪《そうりん》と幢《はたほこ》と幡《はた》とを起てる。香と花輪と抹香と香粉と楽器の音とによって恭敬するし、尊重するし、礼拝するし、供養する。さらに、大きな会をなす。

アーナンダよ、転輪聖王の〔遺体に対する〕ように、そのように、如来・阿羅漢・正等覚者《しょうとうがくしゃ》の〔遺体に対するの〕はそれ以上になのである。」

（P no. 1035, Ne 260b4–261a2; D no. 6, Da 275b–276a3. Cf. MPS 410）

なお、上座部と説一切有部とにおいては、如来の遺体はブッダの高弟である出家者マハーカッサパ／マハーカーシャパが到着するまで燃え出さなかったと伝えられている。とりわけ、説一切有部においては、在家者が如来の遺体供養をなしたにもかかわらず、マハーカーシャパがそれをあらため、みずから如来の遺体供養をなしたと伝えられている。説一切有部の『長阿含経』大般涅槃経に次のようにある。

するも、具寿マハーカーシャパに次のような思いが起こった。「いざ、わたしはまさしくみずから世尊の遺体供養に対し望みをなしとげよう。」

するも、具寿マハーカーシャパは、別の打ちほぐされた綿、別の五百回ぶんのものを引き集めて、世尊の遺体を打ちほぐされた綿によって包んでのち、五百回、包んでのち、油を満たされた鉄槽に入れてのち、ほかの鉄槽によって覆ってのち、あらゆる香木によって堆積を積んでのち、一辺に向かって離れた。

するも、その堆積はまさしくみずから炎に包まれた。――あたかも、それがブッダの仏威神力と諸天の天威神力とによってであるかのように。（MPS 428; 430）

前述のように、遺体供養とは、葬式と起塔とを含む概念であるが、説一切有部においては、如来の遺体供養のうち、葬式は出家者であるマハーカーシャパによってやり直されたと伝えられているのである。その場合、在家者は、如来の遺体供養のうち、起塔をなすことができたにすぎない。

このほか、説一切有部においては、ブッダは、阿羅漢である声聞シャーリプトラの遺体供養を出家者アーナンダから取り上げ、在家者アナータピンダダに任せたと伝えられている。この場合も、シャーリプトラの遺体供養のうち、葬式は彼の沙弥である出家者チュンダによってすでになされていたから、在家者アナータピンダダは起塔をなすことができたにすぎない。『根本説一切有部毘奈耶雑事』に次のようにある（先行訳として、Gregory Schopen［2004: 301］を参照した）。

その時、アナータピンダダ居士《こじ》は、世尊がいらっしゃるところ、そこへ行った。行ってのち、世尊の両足に頂礼して、一辺に坐った。一辺に坐ってのち、アナータピンダダ居士は世尊に次のように申し上げた。「御前《ごぜん》さま、ご存知あれ。聖者シャーリプトラはわたしにとって長いあいだ好ましいかた、意にかなうかた、上人《グル》、憶念されるかたでした。聖者アーナンダの手もとにある、かのかたの遺骨を、世尊はわたしにお譲りくださるようにしていただけますようお願いいたします。わたしがかのかたの遺骨に遺体供養をさせていただきます。」

その時、世尊は具寿アーナンダを使者によって召してのち次のようにおっしゃった。「アーナンダよ、比丘シャーリプトラの遺骨を居士アナータピンダダに与え、彼に供養させよ。婆羅門たちと居士たちとはそのことによって浄信篤い者となる。

アーナンダよ、さらにまた、これだけのことによっては、おまえはわたしの教えに貢献した者、報恩した者となっていない。そういうわけで、おまえは〔他者たちを〕出家させよ、〔波羅提木叉《はらだいもくしゃ》を〕受具させよ、所依を与えよ、沙弥を近くに置け、彼らにも、読誦したとおりに読誦させせよ、受け取らせよ、教えよ。これだけのことによって、おまえはわたしの教えに貢献した者、報恩した者となるのである。」

(D no. 6, Tha 244b7–245a6; P no. 1035, De 231a4–231b1)

これによって、説一切有部においても、①如来の遺体供養のみならず、③阿羅漢である声聞の遺体供養も在家者に任されていたことがわかる。アナータピンダダによる起塔については、第六章において確認する。

配慮された聖者崇拝

さて、在家者が出家者の葬式を行なうことは聖者崇拝を背景として考え出された。そのことは、在家者が出家者の葬式を行なうことが、あくまで亡き出家者が阿羅漢である場合、考えられるようになったことからわかる。

第一章において確認したように、概して言えば、在家者は、煩悩を断ちきらないまま、福徳を積むことによって、輪廻において善趣へ転生することを目的としている。おそらく、在家者にとっては、阿羅漢である出家者の葬式を行なうことは福徳を積むことと感じられていたのであろう。ブッダが阿羅漢である出家者の葬式を行なうことを在家者に任せたと伝えられているのは――もし事実であるならば――福徳を積むことを求める在家者にブッダが配慮したからであると考えられる。

供養されるようになった聖者の遺体――南方

諸部派の律においては、出家者がみずからを聖者であると言うことは禁じられている。前掲の『高僧法顕伝』において、シンハラの高徳の出家者を国民がみな「阿羅漢であろうか」と疑っていたと書かれているのも、上座部の『パーリ律』において、出家者がみずからを聖者であると言うことが禁じられているからである。出家者が聖者であるかどうかは在家者にとって窺い知れることではない。

それゆえに、上座部の勢力圏である南方においては、たとえ聖者であるかどうかわからなくても、聖者であると目されている場合、在家者が出家者の葬式を行なうことが考えられるようになった。

たとえば、十九世紀のビルマ（現在のミャンマー）において在家者が出家者の葬式を行なうことについて、英国のジャーナリスト、ジェイムズ・ジョージ・スコット（一八五一―一九三五）がシュウェイ・ヨーというビルマ人名義で書いた現地調査記録『ビルマ民俗誌』（一八八二）に次のようにある。

> 遂に全部の資金が集まる。町外れのヂヤングルを切り開いて広場を設け、その中央に火葬場を作る。これは竹の茣蓙《ござ》や、明るく塗つたボール紙で拵《こしら》へられ、例の安ピカ物で蔽《おほ》うてゐる。勿論《もちろん》それは七重の尖塔の形をしてゐる。この屋根の数は人々が考へてゐるやうに、妖精の天国の数を表してゐるのである。それは六 米《メートル》乃至《ないし》七米の高さ迄《まで》正方形である。其処《そこ》には高座があつて、その上に一種の石碑が載つてゐるが、これは構造と装飾との点に於《おい》て、石棺に似てゐる。この上方更《さら》に十五乃至二十米程《ほど》竹の天蓋が聳《そび》えてゐる。この準備が出来ると、町の長老達に依《よ》つて吉日が選ばれる。といふのは彼等《かれら》が黄衣の僧侶を除外して、葬儀一切《いっさい》の管理をするからである。葬式の晨《あさ》は鐘の響に依つて田舎の隅々に迄知らされる。指定された

日になると、津々浦々から善男善女が集まつて来る。

（シュウェイ・ヨー、国本嘉平次・今永要〔訳〕［1943: 677–678］。ふりがなを追加）

さらに、ミャンマーに接する北タイにおいても、在家者が出家者の葬式を行なうことが考えられるようになった。ただし、在家者だけで行なうのではなく、出家者とともに行なうようである。これについては、米国の人類学者、チャールズ・F・キーズ（一九三七—二〇二二）による現地調査記録（Charles F. Keyes［1975］［2000］）に詳しい。

なお、在家者が出家者の葬式を行なうのは福徳を積むことを求めるからであることが現地調査記録において指摘されている（Charles F. Keyes［1975: 55–57］［2000: 131–133］）。

供養されるようになった聖者の遺体——中国

中国においても、亡き出家者が聖者であると目されている場合、在家者が出家者の葬式を行なうことが考えられるようになった。このことは南方からの影響がないまま考えられるようになったのである。

なお、在家者だけで行なうのではなく、出家者とともに行なうことが主《おも》だったようである。

僧祐『出三蔵記集』（巻十四、求那跋摩《ぐなばつま》伝。T55, 104c）、慧皎『高僧伝』（巻三、求那跋摩伝。T50, 341b–342b）においては、南朝の劉宋において、インド人出家者、求那跋摩（グナヴァルマン。三六七?—四三一）が亡くなった時、彼が遺言のうちにみずからが一来果を得ていたことを記していたこと、出家者と在家者とがともに「外国の法」によって彼の遺体を闍毘《じゃび》（荼毘。火葬）したことが伝えられている。

さらに、慧皎『高僧伝』（巻十一、普恒《ふこう》伝。T50, 399b）においては、南朝の劉宋において、中国人出家者、普恒（四〇二―四七九）が亡くなった時、彼が手の三本の指を曲げ、そのほかの指を伸ばして、不還果を得ていたことを示していたこと、出家者と在家者とがともに「得道《とくどう》の法」によって彼の遺体を闍維《じゃい》（荼毘。火葬）したことが伝えられている。「得道」とは、四果のうちいずれかを得た者である。これによって、南朝においては、火葬は聖者の葬式にのみ用いられる特別な葬法と考えられていたことがわかる。

灌頂『隋天台智者大師別伝』（T50, 196c）においては、隋において、絶大な悟り体験によって聖者であると目されていた天台宗の第三祖、智顗《ちぎ》（天台大師。五三八―五九七）が亡くなった時、出家者と在家者とがともに遺言にもとづいて彼の遺体を龕《がん》（厨子《ずし》）に納め墳墓に保存したことが伝えられている。この墳墓については、第六章において確認する。

このほか、道宣『続高僧伝』、賛寧『宋高僧伝』においては、隋と唐とにおいて、出家者と在家者とがともに出家者を葬送したことがしばしば伝えられている。

ほとんど供養されなかった聖者の遺体――日本

日本においては、亡き出家者が聖者であると目されている場合、在家者が出家者の葬式を行なうことはほとんど考えられなかったようである。これは、そもそも、日本において、聖者であると目されるような出家者があまり現われなかったせいである。ただし、鎌倉時代においては、聖者であると目されていた時宗《じしゅう》の開祖、一遍智真《いっぺんちしん》(一二三九―一二八九)が亡くなった時、在家者が葬式を行なったことが伝えられている。正安元年(一二九九)、一遍の弟子、聖戒《しょうかい》(一二六一―一三二三)が撰述した『一遍聖絵《いっぺんひじりえ》』の詞書《ことばがき》に次のようにある。

「没後のことについては、わが門弟においては、葬礼の儀式を調えてはならない。野に捨て獣に施すがよい。ただし、在家者が結縁《けちえん》の志を致そうとするのを、制止するには及ばない」と〔一遍聖は〕申しておられたが、地元の人々がやって来て、〔一遍聖の遺体を〕供養したてまつりたい由《よし》を申したので、〔一遍聖の〕遺命にまかせて、〔門弟たちは〕それを許した。よって、観音寺の前の松のもとで荼毘《だび》したてまつって、在家者たちが墓地を荘厳したてまつったのである。(巻十二。DBZ69, 163a)

永仁四年(一二九六)、当時の仏教界を風刺するために描かれた絵巻『天狗草紙』において、万病の薬として竹筒に一遍の尿を採取する在家者たちが描かれていることからわかるように、当時、一遍は在家者たちによって聖者であると目されていた。一遍は出家者が出家者の葬式を行なうことを認めず、野外に捨てること――林葬――のみを命じたが、例外として、福徳を積むことを求める在家者が出家者の葬式を行なうことを許した。それによって、一遍の葬式は在家者たちによって火葬のかたちで行なわれたのである。

三　出家者が在家者の葬式を行なうこと

供養されるようになった阿羅漢の遺体――インド

次に、出家者が在家者の葬式を行なうこともインドにおいて考え出された。インドにおいては、亡き在家者が阿羅漢である場合、出家者が在家者の葬式を行なうことが考えられていたのである。

このことは説一切有部においてのみ確認される。説一切有部の『雑阿含経』三〇二経においては、アチェーラ・カーシャパ――無衣（全裸）のカーシャパ――なる者がブッダから法話を聴いて法を証得し、みずから優婆塞となることを宣言し、その日のうちに、幼い仔を連れた牝牛によって命を奪われた時、ブッダは比丘たちに彼の遺体供養をなさせ、彼が般涅槃したこと――阿羅漢として死んだこと――を宣言したと伝えられている（訳註研究として名和隆乾［2013］）。

説一切有部の『雑阿含経』三〇二経においては、アチェーラ・カーシャパがブッダから法話を聴いた時、在家者であったのか出家者であったのか、はっきり説かれていない。ただし、説一切有部の『阿毘達磨大毘婆沙論』（巻百九十九。T27, 993c）においては、アチェーラ・カーシャパはもともと商主――在家者――であったが、無衣（全裸）の異教徒の法において出家していたと説かれている。したがって、ブッダから法話を聴いた時、アチェーラ・カーシャパは出家者であったのである。法を証得した彼はみずから優婆塞となることを宣言したが、この時、彼は出家者をやめ、在家者に戻ったと理解しておきたい。

拡大された聖者崇拝

さて、出家者が在家者の葬式を行なうことは聖者崇拝を背景として考え出された。そのことは、出家者が在家者の葬式を行なうことが、あくまで亡き在家者が阿羅漢である場合、考えられていたことからわかる。聖者崇拝は、もともと在家者が有するものであったが、だんだん出家者も有するものとなったのである。ここには明らかに拡大が見られる。

説一切有部の『雑阿含経』三〇二経において、ブッダは在家者であるアチェーラ・カーシャパの遺体供養を出家者たちに命じたと伝えられているのは、アチェーラ・カーシャパが阿羅漢であったからである。現実に、説一切有部の『十誦律』においては、ブッダは阿羅漢の遺体供養を出家者に認めたと伝えられている。同律に次のようにある。

ある阿羅漢が般涅槃した。比丘たちは思った。「ブッダがおっしゃったように、身には八万種類の虫がいる。もし遺体を焼いたならば、それら虫を殺すことになる。」比丘たちはどうしていいかわからなかったので、そのことをブッダに告げた。ブッダはおっしゃった。「人が死ぬ時、虫も死ぬ。」

比丘たちは思った。「われわれが阿羅漢の遺体を焼くことをブッダが認めてくださるとよいが。」

そのことをブッダに告げた。ブッダはおっしゃった。「阿羅漢の遺体を焼くことを認める。」

比丘たちは思った。「われわれが阿羅漢に塔を起てることをブッダが認めてくださるとよいが。」

そのことをブッダに告げた。ブッダはおっしゃった。「阿羅漢の塔を起てることを認める。」

（巻三十九。T23, 284b）

逆に言えば、説一切有部においては、出家者が在家者の葬式を行なうことは、亡き在家者が阿羅漢でない場合、考えられていなかったらしい。『十誦律』の漢訳に協力した説一切有部の卑摩《ひま》羅叉《らしゃ》（ヴィマラークシャ。四―五世紀）からの聞き書きを慧観《えかん》（四―五世紀）がまとめた『五百問《ごひゃくもん》事《じ》』――現存の『仏説目連問戒律中五百軽重事《ぶっせつもくれんもんかいりつちゅうごひゃくけいちょうじ》』の中核部分（船山徹［1998］）――に次のようにある。

質問。父母親族が死んだ場合、比丘は死衣と棺木《かんぼく》とを準備して埋葬することを認められるでしょうか、否でしょうか。

回答。まったく認められない。もし父母が亡くなる場合、もし〔父母が〕病気であって誰も供養してくれる人がいないならば、〔比丘が〕乞食《こつじき》して〔父母に食の〕半分を与えることが認められる。もし〔父母が〕みずからごくごくわずかでも糸を紡ぐことができるならば、

> 〔比丘が父母に〕食を与えることは認められない。
> 〔比丘が在家者に〕食を与えたなら、波逸提《はいつだい》（償いの罪）を犯す（『十誦律』巻十四。T23, 101a）。〔比丘尼が在家者に〕衣を与えたなら、尼薩耆波逸提《にさつぎはいつだい》（権利放棄による償いの罪）を犯す（『十誦律』巻四十六。T23, 336a）。ましてや、〔比丘と比丘尼とが在家者に〕棺木による埋葬〔を与えること〕はなおさらである。
> （T24, 978a）

ここでは、出家者が阿羅漢でない在家者の葬式を行なうことはまったく考えられていない。

供養されるようになった異生の遺体

ただし、インドにおいては、八世紀以降に後期密教に属する『グヒヤサマージャ・タントラ』『ドゥルガティパリショーダナ・タントラ』などが出現するとともに、それらにもとづいて、亡き在家者が異生である場合すら、阿闍梨（密教行者）である出家者が在家者の葬式を行なうことが考えられるようになった。葬式に関するいくつかの実践マニュアルにおいては、葬式を行なわれる者として、出家者のみならず、在家者が挙げられている（種村隆元［2017］）。

供養されるようになった異生の遺体——中国

中国においても、亡き在家者が異生である場合すら、出家者が在家者の葬式を行なうことが考えられるようになった。このことはインドからの影響がないまま考えられるようになったのである。

たとえば、慧皎『高僧伝』（巻十三、曇遷《どんせん》伝。T50, 414a）においては、南朝の劉宋において、在家者である范曄《はんよう》（三九八―四四五。『後漢書』の著者）が誅殺され、一門から十二人が連座して死んだ時、出家者である曇遷（三八四―四八二）が彼らの葬式を行なったことが伝えられている。さらに、同伝（巻八、僧遠《そうおん》伝。T50, 377c）においては、やはり劉宋において、疫病によって多くの在家者たちが死んだ時、出家者である僧遠（四一四―四八四）が彼らの葬式を行なったことも伝えられている。ちなみに、曇遷の例は、現存文献上、中国において出家者が在家者の葬式を行なったことが確実な最古の例であるらしい（直海玄哲［2003］）。

さらに、南北朝においては、出家者であるブッダが、在家者である父、浄飯王《じょうぼんおう》の葬式を行なったことが説かれている『浄飯王般涅槃経』なる経も流通するようになった。じつは、同経は偽経であると考えられる。同経が偽経であることについては、付録において確認する。

唐においては、南山律宗の祖、道宣《どうせん》（五九六―六六七）が『四分律刪繁補闕行事鈔《しぶんりつさくはんほけつぎょうじしょう》』（巻下四。T40, 145c）において、亡き在家者が父母兄姉である場合、出家者が在家者の葬式を行なうことを認めている。

北宋においては、元照《がんじょう》（一〇四八―一一一六）が同書に対する註釈『四分律行事鈔資持記《しぶんりつぎょうじしょうしじき》』（巻下四。T40, 413a）において、亡き在家者が二親（父母）である場合、出家者が在家者の葬式を行なうことを認めている。これは、諸部派の律に拠ってはいないが、『浄飯王般涅槃経』に拠っているらしい。北宋においては、出家者が同経に拠って父母の葬式を行なっていたことを、天禧三年（一〇一九）、道誠《どうじょう》（生没年未詳）が『釈氏要覧《しゃくしようらん》』（巻下。T54, 309a）において伝えている。

供養されるようになった異生の遺体――日本

日本においても、亡き在家者が異生である場合すら、出家者が在家者の葬式を行なうことが考えられるようになった。このことは中国からの影響がないまま考えられるようになったのである。たとえば、源為憲《みなもとのためのり》（？―一〇一一）が永観二年（九八四）に編纂した『三宝絵詞《さんぼうえことば》』（巻中。DBZ111, 423a–424b）においては、奈良時代において、大安寺《だいあんじ》の出家者である栄好《えいこう》（生没年未詳）が寺の側に老母を養っており、栄好の死後に、隣房の出家者である勤操《ごんそう》（七五四―八二七）が彼女を養ってやり、彼女の死後に、同志七人とともに石淵寺《いわぶちでら》に彼女を葬ってやったことが『石淵寺の縁起』（散逸）にもとづいて伝えられている。

ただし、前述のように、こののち、平安時代においては、穢《え》の思想が発生したことによって、血縁者ならざる者の葬式を行なうことが避けられるようになっていった。それにしたがって、出家者が血縁者ならざる在家者の葬式を行なうこともほとんどなくなっていったようである。

もちろん、出家者が血縁者である在家者の葬式を行なうことはあった。たとえば、第十八代天台座主、良源《りょうげん》（慈恵《じえ》大師。九一二―九八五）は、天禄三年（九七二）に執筆された『遺告《ゆいごう》』（小松茂美〔監修〕、平林盛得〔解説〕[1977: 30–31]）において、苗鹿院《のうかいん》（現在の滋賀県大津市苗鹿にあった天台宗寺院）に言及し、そこに附属する檜皮屋《ひわだや》（檜皮葺きの家屋）と板葺大炊屋《いたぶきおおいや》（板葺きの台所）とはみずからの弟子である源漸の母によって宿住されていること、彼女の非常（死去）ののちは源漸が領掌することを告知している。母の葬式も子によって行なわれたはずである。

四　在家者が出家者に布施を与えて引導させて在家者の葬式を行なうこと

引導されなかった在家者――インド

次に、在家者が出家者に布施を与えて引導させて在家者の葬式を行なうことはインドにおいて考え出されたのではない。

引導とは、亡者に法語を与えて道理に気づかせ、亡者を転生すべき善趣へ、あるいは証得すべき涅槃へ、手引きすることである。しかるに、インドにおいては、出家者はそのようなことをしていない。八世紀ごろからは、後期密教に属する『グヒヤサマージャ・タントラ』『ドゥルガティパリショーダナ・タントラ』などが出現するとともに、それらにもとづいて、阿闍梨である出家者が亡者を観想（イメージ）して、観想のなかで亡者を善趣へ、あるいは涅槃へ、向かわせることが考えられるようになったが、それはいわゆる引導ではない。

そもそも、インドにおいては、葬式にかぎらず、在家者が出家者に布施を与えて家庭行事を行なうことがしばしばあった。たとえば、法蔵部の『四分律』に次のようにある。

あるいは子どもが初めて生まれたことにつけ、あるいは初めて〔子どもの〕髪を剃ることにつけ、あるいは〔子どもの〕髪が長くなったことにつけ、あるいは新築の家に入ることにつけ、あるいは死者に会をなすことにつけ、現前《げんぜん》サンガ（ある寺に現にいるサンガ）は〔在家者から〕分配可能な衣料品を大いに得た。

（巻四十一。T22, 865b）

ここでは、在家者が出家者に布施を与えて誕生祝い、剃髪祝い、畜髪祝い、新築祝い、葬式を行なっていたことが説かれている。ここに言及されてはいないが、そのように布施を与えられた場合、インドにおいては、出家者は返礼として在家者に報酬（ダクシナー）を差し向ける。報酬を差し向けるのは、漢訳においてしばしば呪願《じゆがん》と訳されているが、要するに、短い経文、とりわけ、韻文を誦《とな》えることによって、祝福を差し向けるのである。

たとえば、大衆部の『摩訶僧祇律』に次のようにある。

さて、今や、死者が出る場合である。次のように報酬を差し向けること、そのことは適切ではない。

「今日は汝に極上日。よき刹那《せつな》・須臾《しゆゆ》、到来す。

今日は汝に美食もて、良き器《うつわ》にて報酬照《て》る。」

報酬はこのようには差し向けられるべきでない。むしろ、報酬は〔次のように〕差し向けられるべきである。

「あらゆる有情《うじょう》は死に至る。そもそも、いのちは死に終わる。
罪悪そして福徳の、果《か》が来て、業のままに逝《ゆ》く。
罪悪なせるは地獄へと。福徳なせるは天趣へと。
ほかの者らは道《みち》修め、無漏《むろ》なるままに涅槃をす。」

（Seishi Karashima［2012: 34］校訂梵文。Karashima が付した独訳を参照した）

ここでは、在家者の葬式において布施を与えられた出家者が差し向けるべき報酬として、韻文が挙げられている。『摩訶僧祇律』においては、このほかにも、在家者の誕生祝い、新築祝い、出《しゅっ》立《たつ》祝い、結婚式において布施を与えられた出家者が差し向けるべき報酬として、それぞれ韻文が挙げられている。

さらに、上座部の『クッダカ・ニカーヤ』所収の『ダンマパダ』に対する伝ブッダゴーサの註釈に次のようにある。

言い伝えでは、彼（ラールダーイ上座《じょうざ》）は慶事を行なっている者たちの家に行っては①「彼らは壁の外に立つ」などというふうに不吉なものを唱え、弔事を行なっている者たちの家に行っては、「彼らは壁の外に」などが唱えられるべきであるのに、②「布施と、法《ダンマ》による行ない」などというふうに吉祥偈《きっしょうげ》を、あるいは、③「今世来世のいかなる富」というふうに宝経《ほうきょう》を唱えた。

（DhPA vol. III, 123）

ここでは、在家者の慶事あるいは弔事において出家者が唱えていた韻文が挙げられている。これらはいずれも『クッダカ・ニカーヤ』所収の韻文である。『クッダカ・ニカーヤ』に次のようにある（文中の「彼ら」とは、餓鬼を指す。餓鬼については、第四章において確認する）。

彼らは壁の外に立つ。さらに、交差路、四つ辻に。
おのれの家にやって来て、彼らは扉の脇に立つ。
（『クッダカパータ』七・一／『ペータヴァットゥ』一四）

布施と、法《ダンマ》による行ない、親族《うから》を愛護することと、
非難されざるふるまいと。これが最上なる吉祥。
（『クッダカパータ』五・六／『スッタニパータ』二六三）

今世来世のいかなる富、
天のいかなる至宝とて、
如来に如《し》かず――われらには。
これもブッダにある至宝。
この諦《まこと》もて、幸いあれ。

（『クッダカパータ』六・三／『スッタニパータ』二二四）

在家者の家庭行事において、在家者から布施を与えられた出家者が在家者に報酬を差し向けるのは、在家者が出家者に家庭行事を幸福に行なうための魔よけの役割を期待しているからである（出家者が魔よけの役割を期待されていたことについては佐々木閑［1999: 164-165］）。とりわけ、上座部においては、魔よけとして唱えるための、パリッタ（護呪）と呼ばれる経文が決められている（パリッタの歴史については片山一良［1979］）。

なお、上座部においては、出家者が在家者の葬式に呼ばれることはかまわないにせよ、出家者が在家者の弔問に呼ばれることは好ましくないと考えられていたらしい。上座部の『パーリ律』に対する伝ブッダゴーサの註釈に次のようにある。

集落の中で、病人のために〔人々が〕精舎《しょうじゃ》に〔使者を〕派遣する。「パリッタ（護呪）を唱えてください」と。〔その場合、パリッタが〕唱えられるべきである。

集落の中で、王宮などにおいて、病《やまい》か災いかが起こっている場合、〔人々が比丘を〕呼ばせて話させる。〔その場合、『ディーガ・ニカーヤ』所収の〕『アーターナーティヤ経』などが話されるべきである。

「来て病人に学処《がくしょ》（道徳律）を授けてください。法を語ってください」「王の後宮、あるいは大臣の邸宅に来て学処を授けてください。法を語ってください」と〔使者が〕派遣された場合、行って学処が授けられるべきであるし、法が語られるべきである。「死体を囲むために来てください」と〔人々が〕呼ぶ。〔その場合、〕行くべきではない。「寒林（死体捨て場）を観ずることによって、かつ、不浄を観ずることによって、死についての念を得ることになる」と、業処《ごうしょ》（観ずるための対象）を念頭に置いて行くことは可である。

（VA vol. II, 472）

ともあれ、インドにおいては、在家者の葬式において在家者から布施を与えられた出家者は、あくまで、在家者に報酬を差し向けるにすぎず、決して、亡者を引導しないのである。

今なお引導されない在家者――南方

上座部の勢力圏である南方においても、在家者が出家者に布施を与えて引導させて在家者の葬式を行なうことは考えられていない。

南方においては、葬式にかぎらず、在家者が出家者に布施を与えて家庭行事を行なうことがしばしばある。そのように布施を与えられた場合、南方においても、出家者は返礼として在家者に報酬を差し向ける。報酬を差し向けるにあたっては、おもに、パーリ語の韻文を唱える。

たとえば、十九世紀のビルマ（現在のミャンマー）において在家者が在家者の葬式を行なうことについて、前出のジェイムズ・ジョージ・スコットによる現地調査記録に次のようにある。

墓地に到着すると、棺桶を取出《とりだ》して墓の近くの地上に置く。近親の会葬者はその周囲に集まる。他の人達はどの墓地にも必ず数箇所はある休憩所（Zayat）に行く。この場所に着くと直《ただ》ちに楽隊を止め、僧侶達の前に整然と供へ物を並べる。これ等《ら》の僧侶は再び長い一続きのパーリー語《ママ》の頌栄の他に、現世的な五戒や十善事を唱へる。彼等はこれを終へると直《す》ぐに僧院に還つて行く。

（シュウェイ・ヨー、国本嘉平次・今永要〔訳〕［1943: 686］。ふりがなを追加）

在家者の家庭行事において在家者から布施を与えられた出家者が在家者に報酬を差し向けるのは、在家者が出家者に家庭行事を幸福に行なうための魔よけの役割を期待しているからである。たとえば、在家者の臨終、葬式、初七日について、現地調査記録に順に次のようにある（文中の「蝶」とは、ビルマにおいて亡者の霊が蝶になると考えられていることによる）。

黄衣の僧侶が屢〻《しばしば》臨終の床に呼ばれるのは、鬼《ビル》、幽霊《タセー》及び悪魔を追払ふためである。僧侶が臨終の人に、精神的な慰安を与へるなどといふ考《かんがへ》は全然ない。僧侶が臨席するといふことは、悪霊を追払ふことだけで、他意はないのである。

（シュウェイ・ヨー、国本嘉平次・今永要〔訳〕［1943: 283–284］。ふりがなを追加）

又殆《またほとん》ど例外なく僧院から一人以上の僧侶がやつて来て、この家の中に坐つてゐる。彼等が其処《そこ》に居《ゐ》るといふことは、もし居なければそこら辺《へん》を徘徊してゐるに違ひない悪霊を、この家に近附《ちかづ》けないことに大《おほい》に役立つのである。

（シュウェイ・ヨー、国本嘉平次・今永要〔訳〕［1943: 682］。ふりがなを追加）

僧侶達は葬式の場合と同様にこの場合も必要である。といふのは家を浄め、逝《な》くなつた人の蝶（leip-bya）だけでなく、その辺にゐる悪霊を祓ひ清め追放しなければならぬからである。

（シュウェイ・ヨー、国本嘉平次・今永要〔訳〕［1943: 688］。ふりがなを追加）

ともあれ、南方においても、在家者の葬式において在家者から布施を与えられた出家者は、あくまで、在家者に報酬を差し向けるにすぎず、決して、亡者を引導しないのである。

事実上、引導されるようになった在家者——中国

じつは、在家者が出家者に布施を与えて引導させて在家者の葬式を行なうことは中国において考え出されたのである。

そもそも、中国においては、北宋の初めごろから、在家者が出家者に布施を与えて在家者の葬式を行なうことがしばしばあるようになった。そのように布施を与えられた場合、北宋においては、出家者は返礼として在家者に報酬を差し向けていた。たとえば、北宋において十世紀後半から十二世紀中葉までに撰述されたと考えられている、著者不明『臨終方訣《りんじゅうほうけつ》』（T17, 746c–747a）に

おいては、報酬を差し向けるにあたって、説一切有部の『三啓』のひとつである『仏説無常経』——別名『三啓経』——を唱えることが記されている（岡部和雄［1985］）。同経は説一切有部の『根本説一切有部毘奈耶雑事』を漢訳した義浄によって唐において漢訳されたものである。

そののち、中国においては、北宋の末ごろから、禅宗が全土に拡大するにつれ、在家者が禅宗の出家者に布施を与えて葬式を行なうことがしばしばあるようになった。そのように布施を与えられた場合、北宋と南宋とにおいては、禅宗の出家者は亡者を引導するようになった。たとえば、北宋の慈受懐深（一〇七七—一一三二）、南宋の応庵曇華（一一〇三—一一六三）、瞎堂慧遠（一一〇三—一一七六）らの語録においては、在家者の葬式において掩土《えんど》や下火《あか》にあたって亡者に与えられた法語が収録されている（永井政之［2000: 431-432］）。掩土とは棺を土で掩うこと、下火とは棺に松明《たいまつ》の火を下ろすことである。

もともと、北宋においては、禅宗の出家者は出家者の葬式において掩土や下火にあたって亡者に法語を与えていた。崇寧二年（一一〇三）の序を有する現存最古の清規、長盧宗賾『禅苑清規』（巻七、亡僧）においては、出家者が出家者の葬式において下火にあたって亡者に法語を与えることが定められている。出家者が在家者の葬式において掩土や下火にあたって亡者に法語を与えることは、実のところ、出家者が出家者の葬式において掩土や下火にあたって亡者に法語を与えることから派生したのである。

厳密に言えば、中国においては、亡者に法語を与えて道理に気づかせ、亡者を転生すべき善趣へ、あるいは証得すべき涅槃へ、手引きすることは引導と呼ばれていない。引導と呼ばれるようになったのは、後述のように、日本においてである。ただし、在家者が出家者に布施を与えて引導させて在家者の葬式を行なうことは、事実上、中国において考え出されたと言ってよい。

悟り体験がもたらした聖者崇拝

さて、在家者が出家者に布施を与えて引導させて在家者の葬式を行なうことは聖者崇拝を背景として考え出された。在家者は仏教についてよく知っているわけではない。ただし、禅宗の出家者は悟り体験によって何か聖者の力を有していると目されていたから、在家者は、聖者の力によって亡者に法語を与えて道理に気づかせ、亡者を転生すべき善趣へ、あるいは証得すべき涅槃へ、手引きしてもらうことを願って、禅宗の出家者に布施を与えて引導させたらしいのである。

重要なのは悟り体験によって何か聖者の力を有していると目されていることであって、かならずしも、出家者であることではなかった。たとえば、南宋の在家者、顔丙《がんぺい》（十二世紀）は、臨済宗の大慧宗杲《だいえそうこう》（一〇八九―一一六三）の高弟、雪峰可庵《せっほうかあん》から印可された悟り体験者であったが、彼の語録『如如居士語録』（戊集巻五）においては、彼が在家者の葬式において下火にあたって亡者に与えた法語が数多く収録されている（永井政之［2000: 435］）。

なお、下火ではないが、南宋の臨済宗の虚堂智愚《きどうちぐ》（一一八五―一二六九）の語録『虚堂和尚語録』（巻十。T47, 1059c）においては、咸淳元年（一二六五）三月十一日、彼が宮中に呼ばれ、亡くなった皇帝、理宗《りそう》（一二〇五―一二六四。在位一二二四―一二六四）の棺の前で拈香《ねんこう》（焼香）したことが伝えられている（永井政之［2000: 432］）。これなども、禅宗の出家者は悟り体験によって何か聖者の力を有していると目していた宮中の在家者が、聖者の力によって亡き理宗に法語を与えて道理に気づかせ、亡き理宗を転生すべき善趣へ、あるいは証得すべき涅槃へ、手引きしてもらうことを願って、南宋最大級の悟り体験者であった虚堂を呼んだものと考えられる。

引導されるようになった在家者——日本

在家者が出家者に布施を与えて引導させて在家者の葬式を行なうことは、中国から禅宗が伝わるにつれ、日本においても考えられるようになった。

そもそも、日本においては、平安時代から、在家者が出家者に布施を与えて在家者の葬式を行なうことがしばしばあるようになった。そのように布施を与えられた場合、インド、南方、中国においては、出家者は返礼として在家者に報酬を差し向けていたが、日本においては、出家者は亡者に報酬を差し向けるようになった。亡者に報酬を差し向けることは、漢訳にもとづいて、呪願と呼ばれていた。

たとえば、醍醐天皇（八八五—九三〇。在位八九七—九三〇）が亡くなった時、出棺と埋葬とにおいて天台宗の出家者に布施を与えて呪願させたことが、醍醐天皇の第四皇子、重明《しげあきら》親王（九〇六—九五四）の日記『吏部王記《りほうおうき》』延長八年（九三〇）十月十日—十一日条に記されている（逸文。米田雄介、吉岡真之〔校訂〕[1974: 44-45]）。これは、現存文献上、在家者が出家者に布施を与えて呪願させて在家者の葬式を行なったことが確実な最古の例である。

ただし、これに先立って、都良香（八三四—八七九）の文集『都氏文集』のうちに天台宗の出家者に宛てられた「上呪願上人状」が含まれており、そこには、仁寿二年（八五二）に父が亡くなった時、尸柩（棺）が堂（自宅）にあるうちに出家者が呪願したこと、比叡山においてその出家者に呪願させて四十九日の追善を行ないたいことが記されている。したがって、そのころすでに、在家者が出家者に布施を与えて呪願させて在家者の葬式を行なっていたという可能性が高い（上野勝之［2017: 209–210］）。

平安時代において、出家者が呪願にあたって何を唱えたのかは判然としない。鎌倉時代においては、たとえば、十三世紀に編纂された真言宗（広沢流）の『白宝口抄《びゃくほうくしょう》』（巻百六十四、葬送作法）のうちに、出棺と火葬とにおいて出家者が唱えるべきものが次のように挙げられている。

三礼《さんらい》――『華厳経《けごんきょう》』（巻六。T9, 430c）の韻文
如来唄《にょらいばい》――『勝鬘経《しょうまんぎょう》』（T12, 217a）の韻文
表白《ひょうはく》――阿弥陀仏、観音菩薩、勢至菩薩、地蔵菩薩、龍樹菩薩に対する敬白
仏名《ぶつみょう》――阿弥陀仏に対する称名
教化《きょうけ》――会葬者に対する説明
呪願――『涅槃経』（巻十四、巻二十二。T12, 450a–451a; 497b）の韻文

十一世紀に成立した『栄花物語』（巻三十）においては、藤原道長の葬式において天台宗の出家者が『涅槃経』の韻文や諸仏菩薩の名を散りばめた説教を行なったことが記されているから、

平安時代においても、在家者の葬式において出家者が唱えるものはこれと類似のものであったという可能性がある（上野勝之［2017: 182–186］）。

興味ぶかいのは表白である。出棺において出家者が唱えるべき表白として、『白宝口抄』に次のようにある。

> 敬白。極楽世界の教主でいらっしゃる阿弥陀如来と、観音、勢至ら諸大菩薩と、極楽世界すべてにいらっしゃる聖者の衆と、しまいには、仏の眼によって観照される、塵の数ほどの国土である、〔仏宝、法宝、僧宝という〕三宝の領域とをお騒がせして申し上げます。今日、亡霊〈だれそれ。姓名〉は娑婆世界における縁が尽きて他の世界へ趣《おもむ》きたまいます。そういうわけで、孝子《こうし》らが釈迦の遺風を尋ね、只今《ただいま》、葬送したてまつること――このことがあるのです。仰いで願わくは、阿弥陀如来、観音、勢至らは、〔有情を極楽世界へ〕迎えいれようという本願によって、尊霊（亡霊）を顧慮し、引導したまえ。三有《さんう》（三つの輪廻的生存。三界における生存）がある苦しい環境（娑婆世界）を排除して、九品《くほん》（九つの等級）がある浄らかな国土（極楽世界）へ生まれさせたまえ。
>
> （巻百六十四。T zuzo 7, 362a）

ここでは、阿弥陀仏、観音菩薩、勢至菩薩らが亡者を極楽世界へ引導することが説かれている。日本においては、もともと、仏と菩薩とが亡者を引導することが考えられていたのであって、出家者が亡者を引導することは考えられていなかったのである。

ところが、鎌倉時代において中国から禅宗が伝えられ、在家者が禅宗の出家者に布施を与えて在家者の葬式を行なうことがしばしばあるようになるにつれ、日本においては、禅宗の出家者が掩土や下火にあたって亡者に法語を与えることが、そのまま、亡者を引導することと考えられるようになった。

たとえば、室町時代末期における在家者の葬式について、一五六五年二月二十日、イエズス会の宣教師ルイス・フロイス（一五三二―一五九七）が京都から発信した書簡に次のようにある（東光博英訳）。

輿に乗って先を行く仏僧は、墓において、引導《インドウ》と称する祈りを行なう。引導とは彼らの天国に至る道を示すことである。これに続いて、鼠色の衣服を着た男が一人現れる。その背中には松を割って作った槍の長さほどの松明を携え火を点しているが、これは、死者には道が分からぬ故、その魂が迷わぬよう墓に至る道を照らすためのものである。

（松田毅一〔監訳〕［1998: 312］）

この行列の後、葬儀を行なうため非常に立派な衣服を着けた〔前述の仏僧が〕手に火を点した松明を持ち、参列者には理解できない言葉をたいそう声高に称える。これが終わると、手にした燃える松明を頭上で三度振って投じる。これは、円に初めと終わりがないように、死者にも初めと終わりがないことを示している。（仏僧の）手より松明が投じられると、死者の息子か親戚二人が、一人は西側に、もう一人は東側に位置して、挨拶をするように火の付いた松明を死者の上で三度互いに取り交わし、その後、穴に松明を投じるが、裕福な人であれば、これに続いて油や沈香、その他香りのよいものを投じる。

（松田毅一〔監訳〕［1998: 313］）

ここでは、在家者の葬式において下火にあたって出家者が亡者に法語を与えたこと、その法語が引導と称されていたことが説かれている。この出家者は京都を勢力圏とする臨済宗の出家者であったと推測される。この翌年、永禄九年（一五六六）に成立した臨済宗の天倫楓隠《てんりんふういん》『諸回向清規式《しょえこうしんぎしき》』（巻四。T81, 660ab）においては、在家者の葬式において出家者が下火などにあたって香語（法語）を唱えることが規定されている。

日本においては、禅宗の出家者によるこのような引導を、ほかの諸宗の出家者も模倣するようになった。ほかの諸宗の出家者による引導は、いずれも、諸宗がもとづく経論に典拠を有するわけではなく、あくまで、江戸時代において、諸宗の出家者によって創作されたものである。この点については、延宝九年（一六八二）に編纂された浄土真宗の明伝『真宗百通切紙《しんしゅうひゃくつうきりがみ》』（五十七、他宗引導当流無之事《たしゅういんどうとうりゅうこれなしのこと》）に次のようにある（和文であるので訳のあとに原文を載せる）。

【訳】禅宗の引導を見て他宗も他宗の意をもって引導するようになったと見える。

【原文】禅家ノ引導ヲ見テ他宗モ他宗ノ以テレ意ヲ引導スト見ヘタリ。（巻三。明伝［1890: 6a］）

在家者が出家者に布施を与えて引導させて在家者の葬式を行なうことは、このようにして、日本に定着したのである。

前述のように、平安時代においては、穢《え》の思想が発生したことによって、血縁者ならざる者の葬式を行なうことが避けられるようになっていた。たとえば、延長五年（九二七）に完成し、康保四年（九六七）に施行された『延喜式』（巻三、臨時祭）においては、穢悪《えお》の事に触れて忌むべきものとして、人の死は三十日を限りとすると規定されている。村上天皇の在位期（九四六―九六七）に成立した著者不明『新儀式』（巻五）においては、葬式に従事した出家者は三十日を忌むと規定されている。すなわち、在家者が出家者に布施を与えて在家者の葬式を行なうことは出家者に三十日の忌み（蟄居）という負担を強いるものだったのである。したがって、平安時代においては、出家者に布施を与えて在家者の葬式を行なっていたのは、皇族、貴族のような有力な在家者だけだった。

ところが、鎌倉時代、室町時代において、禅宗の出家者は忌みを守らなかった。中国において禅宗の出家者がしていたように、日本においても禅宗の出家者は聖者の力によってあらゆる穢をものともせずさまざまな在家者の葬式において亡者を引導するようになった。ほかの宗の出家者は、当初、そのことに驚きつつも、結局、禅宗の出家者を模倣していったのであり、禅宗の出家者こそが、この国のあらゆる階層の在家者が出家者に布施を与えて引導させて在家者の葬式を行なうことを可能にしていったのである。

引導に必要とされた悟り体験

前述のように、在家者は仏教についてよく知っているわけではない。ただし、禅宗の出家者は悟り体験によって何か聖者の力を有していると目されていたから、在家者は、聖者の力によって亡者に法語を与えて道理に気づかせ、亡者を転生すべき善趣へ、あるいは証得すべき涅槃へ、手引きしてもらうことを願って、禅宗の出家者に布施を与えて引導させたらしい。

逆に言えば、悟り体験がしっかりしていないまま、禅宗の出家者が布施を与えられて引導することは好ましいことではなかった。明治時代に臨済宗東福寺派および妙心寺派の管長を務めた匡《きょう》道慧《どうえ》潭《たん》（一八〇八―一八九五。神通寿量禅師）は、かつて江戸時代末期に僧堂修行ののち二十二歳にして大坂高津《こうづ》の少林寺において新命和尚（新任の住職）となった時、医師であった千葉家の主人から娘の引導を依頼され、葬場において一喝を吐いて引導した。ところが、葬場から千葉家に戻って会葬者たちと饗応を受ける時、古参の参禅居士であった主人から、娘はその一喝によってどこにどう成仏しているかを尋ねられ、答えられずに詰まってしまった。慧潭の没後二十年を経てまとめられた、妙心寺派の村田無道「匡道禅師逸話」に次のようにある。

私《わたくしお》御伺ひ致しますのは外《ほか》でも御座《ござ》らぬ、今日御《こんにちお》吐きになりました一喝は、臨済四喝の内《うち》何喝に候哉《さふらふや》、……成程然れば娘は其一喝で、何処に何う成仏して居ります歟、此義確《このぎしつ》かと承りたい。

とツメ寄つた居士の威儀は、厳《げん》として大磐石《だいばんじやく》の如《ごと》く、その音声は凛として迅雷の如く、師の顔を差し覗く眼光は閃々として電光も啻《ただ》ならずであつた、是《ここ》に於《おい》て乎《か》流石《さすが》の少林新命和尚も、グツと詰《つま》つて一句も出ず、唯《ただ》目を白黒して居士の顔を見つむるのみ。

主人の居士は「サア御返答は如何《いか》に」と、畳を叩き膝を乗り出して詰問に及んだが、恵潭和尚は依然として答へ得ず、それと見て取つた居士は、忽《たちま》ち大盆《おおぼん》を振り翳《かざ》して「這《こ》の狸《たぬき》坊主！　能《よ》くも人を騙《だ》まし居《を》つた、自分の安心も出来ずして、而も我が可愛い娘に引導を授けるとは何事だ、這の狸坊主め」と件《くだん》の大盆を振り上げて打つは〳〵打ちのめし、盆は砕けて粉《こ》な微塵、和尚の顔や頭は鮮血を浴びて、飛んだ活劇を演出した。

衆人稠坐《しうじんちやうざ》の真中《まんなか》で、強《したゝ》か打ちすゑられた恵潭和尚は、恥かしげに頭をも擡《もた》げず流るゝ血潮をも拭かず、勿論《もちろん》膳部の箸をも執《と》らず、茫然自失、唯《たゞ》悄然たるのみであつたが、其処《そこ》を千葉の主人は又聞《またきこ》えがしに「這の狸坊主め」を口の中で繰り返し乍《なが》ら、砕けたる盆の破片を拾ひ集め、予《かね》て用意したる頭陀嚢《づだぶくろ》を取出《とりだ》して、その破片を収め、師の前に放り出して曰《いは》く、「狸坊主、此《こ》の盆の接《つ》げるまで修行して来い」と、嗚呼記念の嚢は師が首に懸けられた、最前《さいぜん》まで意気揚々、今日《けふ》を晴れの導師として威張り散らして居《ゐ》た恵潭和尚は、今はさる勇気もあらばこそ、掛けた嚢に満腔の無念を収め、悄然として高津《かうづ》の自坊へと帰つた。

（村田無道［1916: 171–172］。ふりがなを追加）

このように満座のなかで千葉家の主人から恥辱を与えられた慧潭はこれによって奮起し、十五年間、大坂高津の少林寺から京都八幡の円福僧堂へ徒歩で毎日通い、海山宗格《かいざんそうかく》（一七六九—一八四六。仏国妙厳禅師）に参禅した。そして、悟り体験を深めることによって臨済宗の蘊奥を窮め、印可を受けて、神戸の祥福僧堂において師家《しけ》（老師）となったのち、千葉家の主人と涙の再会を果たしたのである。

満坐の中で千葉の主人が「這の狸坊主」と詈《ののし》りし一語は、如何《いか》に師が霊的鼓膜に響いた歟《か》、年《とし》八十を過ぎて妙心寺の管長と成《な》りし後《の》ちまでも、会下《ゑか》の雲衲《うんのふ》を集めて当時の光景を語る時は、必ず「其時《そのとき》千葉の主人は、此《こ》の私を狸坊主と申しました」と妙に力ある声にて云《い》ひ、更に一段語調を高めて「何《ど》うです千葉が、狸坊主と申しましたぞ」と、云はれるのが例であつて、其時の様子は常に一種異様の光景を呈せらるゝが例であつたと云ふ、以て師が如何に無念に思ひ、又如何に発憤せられしかは解る、而して師が一生涯肌身離さず、守本尊として居られた「千山不白居士」の位牌の前身は、即ち千葉の主人であつたのである。

（村田無道［1916: 173］。ふりがなを追加）

在家者が出家者に布施を与えて引導させて在家者の葬式を行なうことは、本来、禅宗の出家者が悟り体験をしっかりさせることに立脚していたのである。

表2－1　葬式の背景

	背景
出家者が出家者の葬式を行なうこと	インドにおける土着習俗
在家者が出家者の葬式を行なうこと（※もともとは亡き出家者が阿羅漢である場合のみ）	インドにおける聖者崇拝
出家者が在家者の葬式を行なうこと（※もともとは亡き在家者が阿羅漢である場合のみ）	インドにおける聖者崇拝
在家者が出家者に布施を与えて引導させて在家者の葬式を行なうこと	中国における聖者崇拝

葬式の背景としての聖者崇拝と土着習俗

本章においては、仏教において遺体に葬式を行なうことが考え出されるようになった背景について確認してきた。まとめれば、上の表2－1のとおりである。

在家者が出家者に布施を与えて引導させて在家者の葬式を行なうことが考え出されるようになったのは、悟り体験者である禅宗の出家者が、聖者の力によって亡者に法語を与えて道理に気づかせ、亡者を転生すべき善趣へ、あるいは証得すべき涅槃へ、手引きしてくれると考えられていたからである。在家者が出家者に布施を与えて引導させて在家者の葬式を行なうことは、本来、聖者崇拝を背景として始まったのである。

第三章
戒名の始まり

戒名とは、戒を授けられる時に与えられる名である。周知のように、日本においては、出家者が生者のみならず亡者に戒を授け、その時に名を与える風習がある。この風習は葬式に附随するものとして行なわれている。

第一章において確認したように、仏教においては、有情《うじよう》（生物）は死後にかならず転生あるいは般涅槃《はつねはん》すると考えられている。転生あるいは般涅槃した有情はもはや名を受け取ることができない。したがって、原理的に言えば、亡者に名を与えることは決して必要でない。ただし、のちには、さまざまな背景にもとづいて、仏教においても亡者に名を与えることが考え出されるようになった。

本章においては、その背景について確認していきたい。確認にあたっては、厳密を期して、次の二つを区別する。

一　出家者が生者に戒を授ける時に名を与えること
二　出家者が亡者に戒を授ける時に名を与えること

表3－1　七衆の学処と戒

七衆	学処	戒
比丘《びく》	二百五十学処（概数。部派によって相違）	波羅提木叉《はらだいもくしゃ》
比丘尼《びくに》	五百学処（概数。部派によって相違）	波羅提木叉
式叉摩那《しきしゃまな》	六学処	六法
沙弥《しゃみ》・沙弥尼《しゃみに》	十学処	十戒
優婆塞《うばそく》・優婆夷《うばい》	五学処	五戒
	八学処	八戒

一　出家者が生者に戒を授ける時に名を与えること

戒を授ける時に与えられるのでなかった出家者名——インド

まず、出家者が生者に戒を授ける時に名を与えることはインドにおいて考え出されたのではない。

第一章において確認したように、仏教徒は、細かく言えば七《しち》衆《しゅ》、大まかに言えば出家者と在家者との二つに区分されている。七衆はそれぞれ仏教的な道徳律（moral code）に従うことによって仏教的な道徳性（morality）をたもつ。仏教的な道徳律は学処《がくしょ》と呼ばれ、仏教的な道徳性は戒と呼ばれる。まとめれば、上の表3－1のとおりである。

なお、古い漢訳においては、学処も戒と訳されている。たとえば、二百五十学処は二百五十戒と訳されている。

インドにおいては、出家者が生者にこれらの戒を授けることはあるが、出家者が生者にこれらの戒を授ける時に名を与える

表3-2　本名／氏族名／母称で呼ばれていた十大弟子

十大弟子名	本名／氏族名／母称
サーリプッタ（シャーリプトラ）	母称〔※意味は“サーリーの息子”。母親の名がサーリー。本名はウパティッサ。〕
モッガーラナ（マウドガリヤーヤナ）	氏族名〔※母親の通称はモッガッリー／モッガッラーニ。本名はコーリタ。〕
マハーカッサパ（マハーカーシャパ）	氏族名〔※意味は“大カッサパ”。本名はピッパリ。〕
スブーティ（スブーティ）	本名
プンナ（プールナ）	本名
カッチャーナ（カーティヤーヤナ）	氏族名〔※本名はナラカ。〕
アヌルッダ（アニルッダ）	本名
ウパーリ（ウパーリン）	本名
ラーフラ（ラーフラ）	本名
アーナンダ（アーナンダ）	本名

ことはない。

そもそも、ブッダのサンガにおいては、出家者たちは本名／氏族名／父称（patronymic）／母称（matronymic）／あだ名で呼び合っていたのであって、決して、戒を授けられる時に名を与えられて改名していたのではない。

たとえば、ブッダの十大弟子は本名／氏族名／母称で呼ばれていた。具体的には、上の表3－2のとおりである（名をパーリ語形で示し、続けて括弧内に梵語形で示す）。

マハーカッサパはカッサパ氏族出身の出家者たちのうち最も大物であったからマハーカッサパと呼ばれていたらしい。あたかも日本において西郷隆盛が大西郷と呼ばれ谷崎潤一郎が大谷崎と呼ばれていたのに似ている。

あだ名で呼ばれていた出家者もいた。たとえば、次の表3－3のとおりである（名をパーリ語形で示し、続けて括弧内に梵語形で示す）。

表3－3　あだ名で呼ばれていた出家者

あだ名	意味
アンニャータ・コーダンニャ（アージュニャータ・カウンディニヤ）	〝わかったコーダンニャ〟
ニグローダ・カッパ（ニヤグローダ・カルパ）	〝ニグローダ樹のカッパ〟

アンニャータ・コーダンニャは、コーダンニャ氏族出身であってブッダの教えによって最初にわかったから、そのように呼ばれた。上座部の『パーリ律』に次のようにある。

すると、世尊はこの感懐を発露したまうた。「コーダンニャは本当にわかった、コーダンニャは本当にわかった」と。そういうわけで、具寿《ぐじゅ》コーダンニャに、この、他ならぬ「アンニャータ・コーダンニャ」という名が起こったのである。
（VP vol. I, 12）

ニグローダ・カッパは、カッパという本名であってニグローダ樹の根もとに坐って阿羅漢となったから、そのように呼ばれた。上座部の『クッダカ・ニカーヤ』所収の『スッタニパータ』（三四三―三四四）に次のようにある。

現世においてもろもろの、疑いを断つかたである、
ひとかたならぬ叡智ある、大師に質問いたします。
周知のかたで、誉れあり、おのれを沈静させていた、
比丘はアッガーラヴァのもと、末期《まつご》を迎えられました。
世尊、「ニグローダ・カッパ」なる、そのかたにあるお名前は、
あなたによって、婆羅門の、ために拵《こしら》えられました。
あなたに対し、そのかたは、礼して、精進《しょうじん》なし始め、
解脱を期して、行じたのです。堅固な法を見るかたよ。

（Sn 60）

「大師」とはブッダ、「婆羅門」とはカッパを指している。なお、ブッダはカッパがニグローダ樹の根もとに坐って阿羅漢となった時にあだ名を付けたのであって、死後に付けたのではない（**SnA vol. I, 346.** 村上真完、及川真介［1985: 602–603］）。

このように、ブッダのサンガにおいては、出家者たちは本名／氏族名／父称／母称／あだ名で呼び合っていたのであって、決して、戒を授けられる時に名を与えられて改名していたのではない。

なお、いくつかの部派においては、ブッダは、遺言として、自分の死後に後輩である出家者が先輩である出家者を本名／氏族名で呼ぶことを禁止したと伝えられている。

たとえば、上座部の『ディーガ・ニカーヤ』大般涅槃経に次のようにある。

「さらにまた、アーナンダよ、今、比丘たちは互いに「友よ」という言いかたで話しかけている。おまえたちは、わたしが身まかったのち、そのように話しかけるべきではない。アーナンダよ、より新参である比丘は、より上座である比丘から、〔本〕名で、あるいは氏族〔名〕で、あるいは「友よ」という言いかたで、話しかけられるべきである。より上座である比丘は、より新参である比丘から、「尊者よ」と、あるいは「具寿よ」と話しかけられるべきである。」

(DN vol. II, 154)

さらに、説一切有部の『長阿含経』大般涅槃経に次のようにある。

「それゆえに、今よりのち、より年輩の比丘は、より新参である比丘から、〔本〕名を呼ぶことによっても、氏族〔名〕を呼ぶことによっても、話しかけられるべきではない。――「尊者よ」と、あるいは「具寿よ」というのを例外として。」

(MPS 386 [41. 3])

興味ぶかいのは、これらに対応する、所属部派不明の『増一阿含経』である。説一切有部の伝承を下敷きにしてさまざまな部派の伝承がパッチワークされている文献であるが（平岡聡［2007］［2008］）、同経に次のようにある。

その時、世尊はアーナンダにおっしゃった。「今よりのち、比丘たちは「きみ」「ぼく」で話しあってはならない。大なる者を「尊者よ」と呼び、小なる者を「賢者よ」と呼び、あたかも兄弟であるかのように互いを見よ。

今よりのち、父母によって作られた字《あざな》（通称）を呼んではならない。」

その時、アーナンダは世尊に申し上げた。「今や、比丘たちはどのようにみずから名を呼ぶべきでしょうか。」

世尊はおっしゃった。「小比丘は大比丘を「具寿よ」と呼びなさい。大比丘は小比丘を氏族名で呼びなさい。さらに、字《あざな》を設けたいと望む比丘たちは〔仏、法、僧という〕三尊にちなむべきである。これがわたしの教誡である。」

（巻三十七。T2, 752c）

ここでは、ブッダが比丘たちに互いを本名で呼ぶことを禁止した、そして、新たに仏教的な意味あいの名を設けることを許可したと説かれている。

現実に、のちになって、諸部派や、大乗経を支持する諸学派においては、出家者が仏教的な意味あいの名を設けて改名するようになった。ただし、戒を授けられる時に名を与えられるわけではない。

たとえば、上座部においては、出家者はかならずいにしえの阿羅漢の名にちなんだ名を与えられているが（名の付けかたについては生野善応［1975: 69］）、戒を授けることと名を与えることとは同時でない。タイにおいて短期間出家者となった文化人類学者、青木保は、いまだ戒を授けられないうちにドテラモーという名を与えられ、さらにクッタチットーという名に換えられ、しばらくたってようやく戒を授けられたことを記している（青木保［1976: 64; 71］）。戒を授けられる時に名を与えられるわけではないのである。

さらに、説一切有部においては、出家者は戒を授けられてからもかならずしも名を与えられておらず、戒を授けることと名を与えることとは同時でない。戒を授けられた出家者であっても、本名で呼ばれていた者はいる。たとえば、次の表3－4のとおりである。

表3－4　本名で呼ばれていた出家者

本名	意味
クマーラジーヴァ（鳩摩羅什《くまらじゅう》）	〝クマーラ（〝童子〟）を生命とする者〟〔※一族がおそらくクマーラ神（スカンダ神）の信仰者。父親はクマーラヤーナ、母親はジーヴァー。〕
ヴァスバンドゥ（天親《てんじん》／世親《せしん》）	〝ヴァスを親族とする者〟〔※親がヴァス神の信仰者。〕

現実に、説一切有部の『根本説一切有《こんぽんせついっさいう》部《ぶ》苾芻尼《びっしゅに》毘《び》奈耶《なや》』の漢訳においては、戒を授けられてからも名を与えられなかった出家者について記述がある。漢訳と蔵訳とに順に次のようにある（漢

訳については佐々木閑〔2002〕)。

【漢訳】その時、ストゥーラナンダー比丘尼はほしいままに他者を出家させたり〔波羅提木叉を〕受具させたりしたが、名——具体的には「仏護《ぶつご》」「法護《ほうご》」「僧護《そうご》」などという名——を作ってやらなかった。ただ作業を有しただけだった。あるいはまた「おい、弟子たちよ」と呼んだが、誰を呼んでいるのか、聞いてわからなかった。あるいはまた「おい、沙弥尼よ」「おい、式叉摩那よ」「おい、少年よ」と呼び、あるいは「一年者よ」ないし「十年者よ」と呼んだが、そのように呼ぶ時、みなは師が呼んでいるのが誰なのかわからなかった。

(巻十八。T23, 1005b)

【蔵訳】その時、ストゥーラナンダーはほしいままに徒弟を設けてのち、統率せず、教示せず、助言を与えなかったので、彼ら(徒弟)は律されなくなり、静められなくなり、慎まれなくなり、見張られなくなってしまった。

(P no. 1034, The 250a8–b1; D no. 5, Ta 284b5–6)

漢訳においては、ストゥーラナンダー比丘尼がほしいままに他者を出家させたり受具させたりしたが、名を与えなかったことが説かれている。蔵訳においては、そのことは説かれていない。いずれにせよ、問題とされているのは、ほしいままに他者を出家させることであって、名を与えないことではない。むしろ、漢訳によって、戒を授けることと名を与えることとが同時でないことがわかる。

さらに、次のようにある。

【漢訳】その時、ストゥーラナンダー比丘尼は、毎年、他者を出家させたり〔波羅提木叉を〕受具させたりしたが、名を与えなかった。ことあるごとに、ただ「おい、沙弥尼よ」「おい、式叉摩那よ」「おい、年少者よ」と呼んだ。

（巻十八。T23, 1008b）

【蔵訳】その時、ストゥーラナンダーは、毎年、出家させてのち、あとになって彼らを呼ぶ時、その時、次のように、「一年者よ」「二年者よ」ないし「五年者よ」と呼んだ。

（P no. 1034, The 257a7–8; D no. 5, Ta 295a7–b1）

ここでも、漢訳においては、ストゥーラナンダー比丘尼が、毎年、他者を出家させたり受具させたりしたが、名を与えなかったことが説かれている。蔵訳においては、そのことは説かれていない。いずれにせよ、問題とされているのは、毎年、他者を出家させることであって、名を与えないことではない。ここでも、むしろ、漢訳によって、戒を授けることと名を与えることとが同時でないことがわかる。

戒を授ける時に与えられるようになった菩薩名――中国

じつは、出家者が生者に戒を授ける時に名を与えることは中国において考え出されたのである。南北朝の北朝において出現した偽経『梵網経《ぼんもうきょう》』（五世紀）においては、出家者と在家者とに共通の戒として、菩薩戒が説かれている。同経が伝わった南朝においては、同経にもとづいて、出家者が在家者に『梵網経』の菩薩戒を授ける時に菩薩名を与えることが考えられるようになった。梁の天監十八年（五一九）、勅命によって筆写された儀礼書、『出家人受菩薩戒法《しゆつけにんじゆぼさつかいほう》』（敦煌文書、ペリオ二一九六番）に次のようにある（文中の〈　〉内は原文の割注）。

「わたくし○○〈これは智者である〉は、本日、仏教に従い、善男子である□□がみずから〔菩薩名を〕立てたいと願っておりますので、今、仏の威神力、慈しみある善根《ぜんこん》力をお借りして、菩薩名をつけてやります。名は△△。」

以上のことばを述べてのち、智者はさらに言うべきである。

「善男子よ、聴きなさい。今、あらゆる方角における〔仏宝、法宝、僧宝という〕三宝の前で、あなたに菩薩名をつけてあげました。名は△△。」

（翻刻：土橋秀高［1980: 861–862］）

「智者」というのは、菩薩戒を授ける戒師を指している。

出家者が在家者に『梵網経』の菩薩戒を授ける時に菩薩名を与えることは、南朝から、南北朝を統一した隋へと受け継がれた。南朝と隋との皇帝たちが『梵網経』の菩薩戒を授けられた時に与えられた菩薩名は次頁の表3－5のとおりである（永井政之［2000: 475–476］、勝野隆広［2002］）。

ちなみに、隋の煬帝（当時は晋王）に『梵網経』の菩薩戒を授け、菩薩名を与えたのは、南朝出身であった天台宗の第三祖、智顗《ちぎ》（天台大師。五三八―五九七）である。

表3-5　皇帝たちが与えられた菩薩名

皇帝	菩薩名	出典
梁の武帝（四六四―五四九。在位五〇二―五四九）	冠達	『広弘明集』（巻二十八。T52, 332b） 『続高僧伝』（巻十七、智顗伝。T50, 565c）
梁の元帝（五〇八―五五五。在位五五二―五五五）	法車	『広弘明集』（巻二十八。T52, 326a）
梁の明帝（五四二―五八五。在位五六二―五八五）	等観	『続高僧伝』（巻七、僧遷伝。T50, 476a）
隋の煬帝（五六九―六一八。在位六〇四―六一八）	総持	『広弘明集』（巻二十八。T52, 385c） 『続高僧伝』（巻十七、智顗伝。T50, 566b）

応用された土着習俗

さて、出家者が生者に戒を授ける時に名を与えることは土着習俗を背景として考え出された。もともと、中国においては、仏教が伝わる前から、土着習俗として、在家者が成人の時に諱《いみな》（本名）のほかに字《あざな》（通称）を与えられることがあった。『礼記』曲礼上に次のようにある。

　男子は二十《はたち》にして冠《かんむり》を着けて字《あざな》を持ち、父の前では子は名（本名）を用い、君の前では臣は名（本名）を用いる。女子は許嫁にして笄《こうがい》を挿して字《あざな》を持つ。

中国の出家者は、このような土着習俗を応用するかたちで、在家者に『梵網経』の菩薩戒を授ける時に菩薩名を与えることを考え出したと推測される。在家者が成人の時に字《あざな》を与えられることは社会的な新生の象徴であるが、在家者が『梵網経』の菩薩戒を授けられる時に菩薩名を与えられることも宗教的な新生の象徴であったと理解してよいであろう。

唐以降、ほとんど与えられなくなった菩薩名

ところが、中国においては、出家者が在家者に『梵網経』の菩薩戒を授ける時に菩薩名を与えることは、隋を継承した唐以降、ほとんど考えられなくなっていったようである。

例外的に、唐においても、かつて南朝であった地域に存続していた天台宗においては、出家者が在家者に『梵網経』の菩薩戒を授ける時に菩薩名を与えていたという形跡がある。というのも、この地域から来日して出家者の戒と『梵網経』の菩薩戒とを伝えた鑑真《がんじん》（六八八―七六三）は日本において道忠《どうちゅう》という弟子を持ったが、虎関師錬《こかんしれん》『元亨釈書《げんこうしゃくしょ》』（巻二、円澄伝。DBZ101, 166b）においては、道忠がみずからが召し使っていた在家者に『梵網経』の菩薩戒を授ける時に法鏡《ほうきょう》という菩薩名を与えたことが伝えられているからである。

この法鏡は、のちに、道忠と友好関係にあった日本天台宗の開祖、最澄（伝教大師。七六六―八二二）のもとで得度《とくど》し、円澄という名を与えられた。のちの第二代天台座主（七七二―八三七）である。

『梵網経』の菩薩戒を授けられる時に与えられる菩薩名はあくまで在家者名であるから、法鏡は、得度する時、あらためて円澄という出家者名を与えられたのである。

戒を授ける時に与えられるようになった菩薩名――日本

ただし、日本においては、出家者が在家者に『梵網経』の菩薩戒を授ける時に菩薩名を与えることは、平安時代以降、日本天台宗においてすらほとんど行なわれなくなっていった。

それがふたたび行なわれるようになるのは室町時代においてである。曹洞宗の瑩山紹瑾《けいざんじょうきん》（一二六八―一三二五）の門流が盛んに出家者に『梵網経』の菩薩戒と血脈（証明書）とを授け、やがて、それが在家者に及ぶにつれ、在家者に『梵網経』の菩薩戒を授ける時に菩薩名を与えることが行なわれるようになった。現存文献上、遅くとも十五世紀後半には在家者向けの授戒会《じゅかいえ》が開かれ、出家者が在家者に『梵網経』の菩薩戒を授ける時に名を与えていたことがわかっている（広瀬良弘［1988］第二章第十節「中世禅宗と授戒会――愛知県知多郡乾坤院蔵「血脈衆」「小師帳」の分析を中心として」）。

そののち、出家者が在家者に『梵網経』の菩薩戒を授ける時に名を与えることはほかの諸宗においても考えられるようになり、こんにちに至っている。やや古い調査であるが、天台宗、浄土宗、臨済宗妙心寺派においては、授戒会において出家者が在家者に『梵網経』の菩薩戒を授ける時に名を与えるとのことである（清水良行ほか［1983］）。

二　出家者が亡者に戒を授ける時に名を与えること

戒を授ける時に与えられるのでなかった出家者名——インド、タイ、チベット

次に、出家者が亡者に戒を授ける時に名を与えることもインドにおいて考え出されたのではない。

そもそも、出家者が亡者に戒を授けることはインドになかった。出家者が亡者に戒を授けることは、タイ、チベット、日本などに特有である。ただし、タイ、チベットにおいては、出家者が亡者に戒を授ける時に名を与えることはない。

タイにおいては、上座部の出家者が亡者に在家者の戒を授けることがある。プラヤー・アヌマーンラーチャトン（一八八八―一九六九）『タイ民衆生活誌』に次のようにある。

遺体を据え置いているその間に、一組四名よりなる僧侶をお招き申し上げ、阿毗達磨《アビダルマ》の読経を依頼する。施主は、線香、ろうそくに火を点し、供物をそなえたのち、僧侶に向かって授戒を招請する。そして、棺の側面を叩き、遺体に対して戒を受け取るように告げる。例えば、「父よ、父よ。何卒、戒を受けたまえ」などと言うのである。

僧侶は、戒を与え了わると、ここで、阿毘達磨を唱えはじめる。この読経は、五部を以って構成されている。夜半をもって了えるか、それとも夜を徹して読経するか、それは、施主の判断に任せられる。便宜さ次第によって、いずれになっても可い。制限《きまり》のようなものは、別に無いのである。もしも、第四部まで読経が進むとなると、どうしても、夜明けまでかかることになる。そうではなく、夜半で読経を了えるのであれば、第二部までで可い（なお、阿毘達磨の読経は、特に葬儀の折りに限る必要はない。言い換えるならば、慶弔の別なく、読経される）。（プラヤー・アヌマーンラーチャトン、森幹男〔編訳〕［1984: 299-300］）

「阿毘達磨《アビダルマ》」とは、三蔵のうち、論蔵を意味している。タイやラオスにおいては、出家者が在家者の葬式において（経ではなく）論を唱えることは一般的なことであるらしい（Rita Langer［2012: 31-33］）。

第五章において確認するように、上座部においては、亡者は死の直後にどこかへ転生すると考えられている（いわゆる中有《ちゅうう》を認めない）。したがって、上座部においては、出家者が亡者に戒を授けることは、本来、不可能であるはずである。

ただし、上座部の勢力圏である南方においては、仏教が伝わる前から、在家者は亡者の霊が死後に附近にいることを信じていた。したがって、タイにおいても、在家者は出家者に布施を与え、亡者の霊に戒を授けてもらうことを考えているし、出家者は、たとえ上座部の考えかたに反するにせよ、布施を貰うためにそれに協力しているのである。

さらに、チベットにおいては、チベット仏教ゲルク派の出家者が亡者に菩薩戒と三昧耶戒《さんまや》（密教の戒）とを授けることがある。イェシェーギェルツェン（一七一三―一七九三）の著作に次のような記述があるとのことである。

灌頂による浄化儀礼においては、死者が生前に密教の灌頂を受けた人であれば、この時に再び灌頂を授ける。受けていない人であれば、ここで完全な灌頂を授けず、菩薩戒と三昧耶戒を授けて、曼荼羅の秘密を守るための誓いを立てさせ、曼荼羅に入壇する許可を与え、本尊を紹介する。

（高松宏寶［2019: 120–121］）

チベットにおいては、亡者は死後に最長で四十九日を経て転生すると考えられている（いわゆる中有《ちゅうう》を認める）。したがって、チベットにおいては、そのあいだに出家者が亡者に灌頂を授けたり、あるいは戒を授けたりすることがあるのである。

タイとチベットとにおいては、出家者が亡者に戒を授けることはあるが、出家者が亡者に戒を授ける時に名を与えることはない。この点は注意を要するところである。

戒を授ける時に与えられるようになった出家者名――日本

じつは、出家者が亡者に戒を授ける時に名を与えることは日本において考え出されたのである。平安時代においては、皇族、貴族のあいだで、死に瀕した在家者が在宅のまま剃髪し、戒を授けられ、出家者となる「臨終出家」が考え出されるようになった。現存文献上、「臨終出家」した最古の例は淳和《じゅんな》天皇（当時、上皇。七八六—八四〇。在位八二三—八三三）ないし仁明《にんみょう》天皇（八一〇—八五〇。在位八三三—八五〇）である（順に『本朝皇胤紹運録』、『続日本後紀』嘉祥三年三月丁酉〈十九日〉条。三橋正［2000: 599–604］）。

このような「臨終出家」においては、出家者は在家者に戒を授ける時に出家者名を与えていた。たとえば、醍醐天皇（八八五—九三〇。在位八九七—九三〇）の第四皇子、重明《しげあきら》親王（九〇六—九五四）の日記『吏《り》部王記《ほうおうき》』延長八年（九三〇）九月二十九日条においては、醍醐天皇（当時、上皇）の死の前日、天台宗の出家者である尊意（八六六—九四〇）が三帰依戒——仏宝、法宝、僧宝への三帰依が戒と見なされた——と偽経『菩薩瓔珞本業経』の三聚浄戒《さんじゅじょうかい》とを授け、宝金剛《ほうこんごう》という「法名」を与えたことが記されている（逸文。米田雄介、吉岡真之〔校訂〕［1974: 42–43］）。

平安時代においては、そののち、皇族、貴族のあいだで、急死した在家者を死後に在宅のまま剃髪させ、戒を授け、出家者とならせる「死後出家」も考え出されるようになった。現存文献上、「死後出家」させられた最古の例は、九条兼実《くじょうかねざね》（一一四九—一二〇七）の息子であって、文治四年（一一八八）二月十九日に急死した良通《よしみち》であると考えられている（三橋正［2000: 642–644］）。兼実の日記『玉葉』文治四年二月二十日条においては、「今夜出家事〈戒師仏厳上人《ぶつごんしょうにん》也〉」と書かれている。真言宗の出家者である仏厳が戒師となって、亡者である良通を剃髪させ、戒を授け、出家者とならせたのである。

このような「死後出家」においても、出家者は亡者に戒を授ける時に出家者名を与えていたのであって、日本に特有の「死後戒名」はそこから考え出されたと推測されている（三橋正［2000: 645–646］）。

『大集経』月蔵分がもたらした聖者崇拝

さて、出家者が亡者に戒を授ける時に名を与えることは聖者崇拝を背景として考え出された。この場合の聖者崇拝とは、出家者崇拝である。

平安時代においては、出家者の破戒は珍しくなかった。しかし、その半面、出家者はあらゆる在家者にまさっていると信じられてもいた。最澄に帰される『末法灯明記《まっぽうとうみょうき》』（DDZ1, 424）において引用され、当時よく知られていた、『大集経《だいじっきょう》』月蔵分《がつぞうぶん》の一節に次のようにある。

> 大梵天よ、もしわたし（ブッダ）を指名して鬚と髪とを剃り、袈裟《けさ》の切れ端をまとっている、戒を受けていない者あるいは受けても破っている者を悩ませ、辱め、打ち、縛るならば、彼より多くの罪を得る。それはなぜかというならば、具体的には、わたしを指名して鬚と髪とを剃り、袈裟の切れ端をまとっている、戒を受けていない者あるいは受けても破っている者なるもの、彼はなおも人天たち（在家者）に涅槃への道を示すことができるのである。彼はすでに〔仏宝、法宝、僧宝という〕三宝に対し心が浄信を得ているので、九十五種類の異教徒のすべてにまさっている。彼はかならずすみやかに涅槃に入ることができるので、在家者である俗人のすべてにまさっている。すでに〔聖者である菩薩が得るべき〕忍（承認）を

得ている在家者を例外とする。それゆえに、人天たちによって供養されるべきである。
（巻五十四。T13, 359b）

ここでは、出家者はかならずすみやかに涅槃に入ることができる点においてあらゆる在家者にまさっていると説かれている。

平安時代において、「臨終出家」が求められ、それが失敗した場合、「死後出家」すら求められていたのは、もともと、出家者はかならずすみやかに涅槃に入ることができるという聖者崇拝が存在していたからに他なるまい。出家者が亡者に戒を授ける時に名を与えることは、亡者に出家者名を与えることによって、亡者が出家者となったことを確実にするためなのである。

授けられるようになったさまざまな戒

日本においては、こののち、皇族、貴族からの影響を受け、武士、農民のあいだでも「死後出家」が考えられるようになっていった。武士、農民を布教対象としていた曹洞宗においては、遅くとも室町時代末期において、瑩山紹瑾に帰される「没後授戒之作法」「没後授戒作法」などと呼ばれる切紙《きりかみ》（秘伝）が出まわるようになっている（石川力山［2001: 472–475］）。

出家者が亡者に授ける戒は、もともと、一定していなかった。江戸時代においては、諸宗の出家者は亡者にしばしば三帰依戒と五戒とを授けていたが、五戒は在家者の戒であるから「死後出家」する亡者にふさわしくない。そのためか、現代においては、諸宗の出家者は亡者に五戒を授

表３－６　現代において代表的な諸宗の出家者が亡者に授ける戒

	戒	典拠
真言宗智山派	五戒／八戒／十戒（どれでもよい）	『作法集』
臨済宗	三帰依戒	『江湖法式梵唄抄』
曹洞宗	三帰依戒、偽経『菩薩瓔珞本業経』の三聚浄戒、偽経『梵網経』の菩薩戒のうち十重禁戒（以上をまとめて十六条戒と呼ぶ）	『昭和修訂　曹洞宗行持規範』
浄土宗	三帰依戒	『浄土宗法要集』

けなくなる傾向にあるようである。

現代において代表的な諸宗の出家者が亡者に授ける戒を表示するならば、上の表３－６のとおりである（真言宗智山派については智山伝法院［2020］。臨済宗と曹洞宗とについては中尾良信［1997］）。

臨済宗と曹洞宗との場合、原則として、出家者は亡者に戒を授ける前に剃髪させる。浄土宗の場合、剃度作法と言って、剃刀を当てる。剃髪させたり剃刀を当てたりするのは「死後出家」の表現である。出家者は亡者をあくまで「死後出家」させ、戒を授け、出家者名を与えるのである。

なお、出家者が亡者を「死後出家」させず、戒を授けず、名だけを与える宗派もある。

浄土真宗の場合、無戒を標榜している以上、出家者は亡者に戒を授けず、法名《ほうみょう》だけを与える（なお、厳密に言えば、非僧非俗を標榜している浄土真宗の出家者は出家者でも在家者でもない）。

日蓮宗の場合、生前における妙法受持《じゅじ》を戒と規定している以上、出家者は亡者に戒を授けず、法号《ほうごう》だけを与える（『宗定日蓮宗法要式』。日蓮は法名ということばを用いたが、現代の日蓮宗においては法号ということばが用いられる。戸田浩暁［1981: 2-5］）。

浄土真宗と日蓮宗との場合、篤信の在家者は、わざわざ「死後出家」しなくても、在家者のまま死後に浄土へ転生してすぐさま仏となることができると考えられている。それでもなお、出家者は出家者名に該当するものを亡者に与えるのである。日本において、出家者が亡者に戒を授ける時に名を与えることは亡者が出家者となることと深く結びついている。

戒名の発生

日本においては、さらに、戒を授ける時に与えられる名について、戒名ということばが用いられるようになった。

そもそも、戒名ということばは、戒を授けることと名を与えることとが同時であってこそ、成立する。先に確認したように、インドにおいては、戒を授けることと名を与えることとは同時でない。したがって、インドにおいては、戒名ということばがない。後期密教に属する、十二世紀の文献であるが、クラダッタ『クリヤーサングラハ』（『所作集』と訳されることが多い）においては、在家者名（グリハスタ・ナーマン）ということばと比丘名（ビクシュ・ナーマン）ということばとが対比的に用いられており（Ryugen Tanemura［1993］）、出家者が与えられる出家者名は比丘名と呼ばれている。

中国においては、在家者に偽経『梵網経』の菩薩戒を授けることと菩薩名を与えることとは同時である。ただし、中国においても、戒名ということばはない。出家者が与えられる出家者名も、在家者が与えられる菩薩名も、ともに、法諱《ほうい》／法名《ほうみょう》／法号《ほうごう》と呼ばれている。法諱／法名の用例は六世紀から、法号の用例は八世紀から確認される。

法諱について言えば、隋の柳䛒《りゅうべん》（柳顧言。五四二—六一〇）は、天台国清寺智者禅師碑文（『国清百録』巻百。T46, 817a）において、前出の智顗が与えられた出家者名と、智顗から隋の煬帝が与えられた菩薩名とをともに法諱と呼んでいる。

法名について言えば、梁の宝唱《ほうしょう》（生没年未詳）は、『比丘尼伝』（巻三、法縁尼伝《ほうえん》。T50, 942a）において、比丘尼である法縁と法綵《ほうさい》とが与えられた出家者名を法名と呼び、梁の王筠《おういん》（四八一—五四九）は、『与《よ》東陽盛法師書《とうようじょうほっししょ》』（『広弘明集《こうぐみょうしゅう》』巻二十四。T52, 274b）において、みずから与えられた菩薩名を法名と呼んでいる。

法号について言えば、唐の湛然《たんねん》（七一一—七八二）は、『止《し》観輔行伝弘決《かんぶぎょうでんぐけつ》』（巻一之一。T46, 142b）において、智顗が与えられた出家者名を法号と呼び、湛然の兄弟弟子である神迥（生没年未詳）は、『天台法華疏序《てんだいほっけしょじょ》』（T34, 1a）において、智顗から隋の煬帝が与えられた菩薩名を法号と呼んでいる。

日本においては、もともと、中国においてと同様、出家者が与えられる出家者名も、在家者が与えられる菩薩名も、法諱／法名／法号と呼ばれていた。戒名ということばが用いられるようになったのは江戸時代においてである。筆者が気づいているもっとも古い用例として、元和八年（一六二二）七月に武州吉見領（現在の埼玉県比企郡吉見町）の息障院において撰述された、真言宗の深秀《しんしゅう》『道号式目《どうごうしきもく》』に次のようにある（和風漢文であるので訳のあとに原文を載せる。以下同様）。

【訳】これによって導師は、これらの理屈に准じて、亡者に戒名を授け、血脈《けちみゃく》を相続して、その宗門の僧のともがらとなすがよい。

【原文】依レ之導師、准シ二此等ノ義式ニ一、霊者ニ授ケ二戒名ヲ一、血脈相続シ、可レ為二其宗門ノ僧品ト一者也。

（深秀［1669: 1b］）

ここでは、亡者が与えられる出家者名が戒名と呼ばれている。

戒名ということばの用例は寛永二十一年（一六四四）に刊行された浄土宗の著者不明『浄土無縁集』（多数）、万治三年（一六六〇）に撰述された天台宗の光憲《こうけん》『浅学教 導集《せんがくきょうどうしゅう》』（巻一下、巻六、巻十に多数）、寛文九年（一六六九）に刊行された真言宗の頼勢《らいせい》『引導能印鈔《いんどうのういんしょう》』（頼勢［1669: 26b–27a］）、延宝九年（一六八一）に成立した浄土真宗の明伝『真宗 百通 切紙《しんしゅうひゃくつうきりがみ》』（六十六、戒名法名之《かいみょうほうみょうの》事《こと》）、貞享元年（一六八四）に刊行された真言宗の伝慧《でんえ》『引導要集便蒙』（巻八。伝慧［1684: 19b］）、貞享三年（一六八六）に刊行された真言宗の不可停《ふかてい》（編）『福田殖種纂要《ふくでんしょくしゅさんよう》』（巻七。不可停〔編〕［1686: 4a–5a］）などにおいても確認される。

したがって、戒名ということばは遅くとも江戸時代初頭までに発生していたとわかる。ちなみに、新義真言宗の開祖、覚鑁《かくばん》（興教大師。一〇九五―一一四三）に帰される『引導次第』（KDZ 578）においても亡者が与えられる出家者名が戒名と呼ばれているが、『引導次第』が覚鑁の真作であることは疑わしい。これもやはり江戸時代初頭ごろの作でないかと推測される。

生前戒名の発生

前述のように、戒名ということばは、戒を授けることと名を与えることとが同時であってこそ、成立する。ここで注目すべきなのは、遅くとも江戸時代初頭において、亡者に戒を授けることと名を与えることとが同時であったという事実である。

たとえば、伝慧『引導要集便蒙』「入棺作法」においては、入棺に先立って、亡者を湯灌し、湯で梵字を書き、剃髪し、五戒と三帰依とを授け、戒名を授け、衣服を着せることが説かれている。五戒と三帰依とを授け、戒名を授けるくだりは次のようである（文中の〈 〉内は原文の割注）。

【訳】 次に五戒を授ける。〈不殺生、不偸盗、不邪婬、不妄語、不飲酒について、「たもつことができるか否か」と、それぞれ三回繰り返して、これを授ける。〉次に三帰依を授ける。南無帰依仏《なむきえぶつ》、南無帰依法《なむきえほう》、南無帰依僧《なむきえそう》である。次に戒名を授ける。

【原文】 次授㆓五戒㆒ヲ。〈殺生偸盗邪婬妄語飲酒可㆓能持㆒半（乎?）否。各三遍授㆑之。〉次授㆓三帰㆒ヲ。南無帰依仏、南無帰依法、南無帰依僧。次授㆓戒名㆒ヲ。（巻八。伝慧［1684: 19b］）

ここでは、明らかに、亡者に戒を授けることと名を与えることとが同時である。

さらに、不可停（編）『福田殖種纂要』「入棺作法」においては、入棺に先立って、亡者を湯灌し、湯で梵字を書き、剃髪し、三帰依と五戒とを授け（※『引導要集便蒙』と順序が異なる）、戒名を授け、衣服を着せることが説かれている。三帰依と五戒とを授け、戒名を授けるくだりは次のようである（文中の〈 〉内は原文の割注）。

【訳】 次に三帰依を授ける。南無帰依仏、南無帰依法、南無帰依僧である。次に五戒を授ける。〈不殺生、不偸盗、不邪婬、不妄語、不飲酒について、「たもつことができるか否か」と、それぞれ三回繰り返して、これを授ける。〉次に戒名を授ける。

【原文】 次授ク二三帰ヲ一。南無帰依仏、南無帰依法、南無帰依僧。次授ク二五戒ヲ一。〈殺生偸盗邪婬妄語飲酒可二能持一乎否。各二三遍授之。〉次授ク二戒名ヲ一。

（巻七。不可停〔編〕〔1686: 5a〕）

ここでも、明らかに、亡者に戒を授けることと名を与えることとが同時である。

さらに、伝慧『引導要集便蒙』と同じく貞享元年（一六八四）に刊行された、臨済宗の無著道《むじゃくどう》忠《ちゅう》『小叢林清規《しょうそうりんしんぎ》』「在家送亡」においては、入棺に先立って、亡者を剃髪し、湯灌し、安名《あんみょう》し、三帰依と五戒とを授け、衣服を着せることが説かれている（安名とは、名を与えることを指す）。安名し、三帰依と五戒とを授けるくだりは次のようである（文中の〈 〉内は原文の割注）。

【訳】 安名し、三帰依と五戒とを授ける。〈きまりは得度儀規（『小叢林清規』巻中。T81, 699c–700a）のとおりである。〇一僧が亡者に代わって〔「たもちます」と〕唱えるべきである。〉

【原文】　安レ名、授二三帰五戒一。〈法如二得度儀規一。○一僧代二亡人一応レ唱。〉

（巻中。T81, 709c）

ここでも、出家者が亡者に戒を授けることと名を与えることとが同時である。あるいは、このあたりに戒名ということばが発生した事情があるのではなかろうか。これは推測にすぎないが、おそらく、本来は、亡者が戒を授けられる時に与えられる出家者名のみが、戒を授けることと名を与えることが同時であるがゆえに、戒名と呼ばれていたのかもしれない。すなわち、戒名としては、もともと、「死後戒名」しかなかったのであって、「生前戒名」はありえなかったのかもしれない。

ただし、仮にそうであるにせよ、江戸時代においては、生者が戒を授けられる時に与えられる名――いわゆる法諱／法名／法号――も早いうちから戒名と呼ばれるようになっていた。筆者が気づいているもっとも古い例として、寛文五―六年（一六六五―一六六六）ごろに撰述された浅井了意《りょうい》『浮世物語』に次のようにある。

【訳】　今は武士もやっていけないというわけで、〔兵太郎が〕気も進まない求道心を発したので、和尚はそこで髪を剃って、戒名を夕春《せきしゅん》と付けられたのである。

【原文】　今は男もならずとて、心も進まぬ道心を発《おこ》しければ、和尚すなはち髪を剃りて、戒名を夕春と付けられたり。

（NKBT90, 262）

ここでは、明らかに、生者が戒を授けられる時に与えられる出家者名が戒名と呼ばれている。したがって、遅くともこの時までに「生前戒名」はすでにあった。

ともあれ、戒名ということばは遅くとも江戸時代初頭までに発生していた。そして、寺請《てらうけ》制度（いわゆる檀家制度）にもとづいて、諸宗において東照権現公（徳川家康）の名をかたる偽文書「宗門檀那請合之掟」が遅くとも明和年間（一七六四―一七七二）まで（朴澤直秀［2015: 352］）に流布されるようになってからは、出家者が亡者に「死後戒名」を与えることがしきたりとなった。同文書に次のようにある。

【訳】死後に死骸に剃刀を与え戒名法名を授け申すべきこと、これは宗門寺の僧が死相を見届け、〔亡者が〕邪宗ではないむねをたしかに合点して引導致すべきためである。よくよく吟味を遂げるべきこと。

【原文】死後死骸に剃刀を与へ戒名《〔戒名〕》法名を授可申事、是ハ宗門寺之僧死相を見届、邪宗ニ而無之旨慥ニ合点上《〔合点之上〕》ニ而引導可致ためなり、能々可遂吟味事

（朴澤直秀［2015: 338］所掲の「基本形」テキスト）

死骸に剃刀を与えるとは、亡者を剃髪する、「死後出家」させるという意味である。日本において出家者が亡者に「死後戒名」を与えることが一般化したのはこの「宗門檀那請合之掟」によ

るのである。

院号、位号、置字の発生

日本においては、さらに、位牌において、戒名に院号、位号、置字を付けることも考え出されるようになった。

院号《いんごう》：いわゆる「〇〇院」のたぐい
位号《いごう》：いわゆる「居士」のたぐい
置字《おきじ》：いわゆる「霊位」のたぐい

もともと、中国においては、亡者の形代《かたしろ》として、神主《しんしゅ》と呼ばれる小さな板が廟に安置されていたが、宋において、禅宗によってそれが採り入れられ、位牌となった。臨済宗の義堂周信《ぎどうしゅうしん》（一三二五―一三八八）は『空華日用工夫略集《くうけにちようくふうりゃくしゅう》』（巻一。辻善之助〔編〕［1939: 64］）において「位牌はいにしえになかった。宋からこのかた、これがある」と説いている（久保常晴［1984］）。

位牌は、鎌倉時代において、禅宗によって宋から伝えられた。

室町時代においては、皇族、貴族のあいだで、禅宗の出家者を戒師として亡者を「死後出家」させ、位牌において、出家者名に院号、位号、置字を付けることが考え出されるようになった。たとえば、伏見宮貞成《さだふさ》親王（一三七二―一四五六）の日記『看聞日記』応永二十四年（一四一七）

二月十三日条においては、臨済宗の出家者である郭首座《かくしゅそ》を戒師として亡兄である治仁《はるひと》親王を「死後出家」させ、位牌において、出家者名（道号＋法名）に「尊霊」という置字を付けたことが書かれている（石川力山［1996］）。

中国においては、位牌は亡き出家者のために用いられ、神主《しんしゅ》は亡き在家者のために用いられる。荻生徂徠《おぎゅうそらい》（一六六六―一七二八）は随筆『南留別志《なるべし》』（巻五。OSZ18, 146）において、明から来日した、黄檗宗の出家者である高泉性潡《こうせんしょうとん》（一六三三―一六九五）が亡き母の神主を持ってきており、そこには「長金孺人神主《ちょうきんじゅじんしんしゅ》」と書かれていたことを伝えている（孺人とは夫人という意味）。母は在家者であるから、亡き母のためには神主が用いられたのである。それに対し、日本においては、亡き在家者を「死後出家」させることによって、亡き在家者のためにも位牌が用いられるようになった。

室町時代においては、亡き出家者あるいは亡き在家者の生前の身分を反映して、位牌において、出家者名にさまざまに院号や位号や置字を付けることが考え出されるようになった。永禄九年（一五六六）に成立した臨済宗の天倫楓隠《てんりんふういん》『諸回向清規式《しょえこうしんぎしき》』においては、位牌の書きかたが、上文字（こんにちの院号など）、中文字（こんにちの位号）、下文字（こんにちの置字）に分けて記されている。そのうち、中文字（巻四。T81, 668ab）を表示するならば、次の表3－7のとおりである。

江戸時代においては、これが諸宗によって踏襲され、さらに、簡略化されていった。たとえば、宝暦九年（一七五九）に成立した曹洞宗の『寺社裁許問答』においては、寺社奉行からの問いに答えるかたちで、在家者の法名（院号や位号を付けられた状態の戒名）の付けかたが記されている

表3－7　位牌の中文字と生前の身分

位牌の中文字	生前の身分
国師大和尚	某山の開基、国師尊宿号
禅師大和尚	禅師号 〔※禅師の下に道号を記す場合もある。〕
和尚大禅師	前住の長老
座元禅師	単寮（寮に単独で住む先輩）
禅師	首座《しゆそ》（僧堂のリーダー）、蔵主《ぞうす》（図書室の責任者）、平僧
居士、女居士	武家、禰宜《ねぎ》、虚無僧、俗家のうちの参禅人 〔※一国の太守である場合、大居士。〕
信士《しんし》・信女《しんによ》	武家、平人
大禅定門、大禅定尼	およそ将軍家か、そのような高家の男女
禅定門、禅定尼	平人
禅門、禅尼	平人、奴僕など 〔※二十歳以上に「禅定門・禅定尼」、二十歳未満に「禅門・禅尼」を用いる場合もある。〕
大徳	山伏
浄人	行者《あんじや》など
童男、童子	小児
大姉	高家の女人
童女	少女
剃髪公、剃髪尼	無名の入道、無名の尼
勤仕男、勤仕女	剃髪していない男女

表3－8　在家者の法名と生前の身分

在家者の法名	生前の身分
院殿居士、院殿大姉	国主、領主
居士、大姉	開基（寺院のスポンサー）、仏法に帰依した積善の者、先祖代々いわれある者、菩提のために寄付をした者
禅定門、禅定尼	百姓以下
童子、童女	小児

（横関了胤［1938: 261］。なお、圭室文雄［1999: 193］）。表示するならば、上の表3－8のとおりである。

位牌において、出家者名にさまざまに院号や位号や置字を付けることは、禅宗を模倣するかたちで、ほかの諸宗においても考えられるようになった。寛文九年（一六六九）に刊行された真言宗の頼勢『引導能印鈔』においてはそのことが批判されている。同書に次のようにある（和風漢文であるので訳のあとに原文を載せる。文中の〈 〉内は原文の割注）。

【訳】

一、質問。真言宗の檀那に戒名を授け、院号については、これがないのはどういうことか。回答。秘宗（真言宗）の常例である。すでに、顕教と密教との仏菩薩、あるいはインドと中国との真言宗の祖師なんどにも法名のみがあって、院号については、これがない。このことを思え。

一、俗人の戒名は出家の実名のごとくである。

一、禅宗と浄土宗とが好ましい檀那に院号、居士号、蓮社号を付けることはいずれも依怙《えこ》（えこひいき）の至りである。あるいは国師ならざる人に国師号を与え、あるいは戒定慧《かいじょうえ》三学に熟達しない人に士号を与えることがある。

一、禅僧は道号と諱とが連続する。諱は所化《しょけ》（修行僧）の名である。〈諱は儒家と道家との二家の言いかたである。仏家の密宗（真言宗）は〔諱を〕法名と言うのである。〉〝万功是《ばんこうぜ》朔《さく》〟などのごとくである。禅俗（禅宗の俗人）は道号と戒名とが連続する。〝路《ろ》南《なん》〈道号〉道小《どうしょう》〈戒名〉〟などのごとくである。質問。真言宗も院号、居士号を授けるか。回答。当世流の依怙ならば、人によって何でもありである。しかしながら本義ではない。

【原文】

一問云。真言宗ノ旦那ニハ戒名ノミ授テ二院号ヲ一道無キヿレ之如何（※）。答云。是秘宗ノ規摸也。既ニ顕密仏菩薩或ハ天竺辰旦ノ真言宗ノ祖師何トモ法名ノミメ院号無レ之思レ之。

一俗人ノ戒名出家ノ如二実名ノ一。

一禅浄土宗好キ檀那ニハ院号居士蓮社号ニ付ルヿ皆依怙ノ至リ也。或ハ非ル二国師ニ一人ヲ与二国師号ヲ一或ハ不レ達セ二戒定恵ノ三学ニ一人ニ与二士号ノ一事也。

一禅僧ハ道号ト諱《イミナ》トヲ連綿スル諱ハ所化名也。〈諱トハ儒道二家ノ言也。仏家密宗ハ法名ト云ナリ。〉万功是朔等ノ如也。禅俗ハ道号ト戒名ヲ連綿ス。路南〈道号〉道小〈戒名〉等如也。問云。真言宗モ院号居士号ヲ授ル歟。答云。当世様ノ依怙テナラハ依テレ人何モ可有也。併ラ非ル二本義ニハ一也。

（頼勢［1669: 26b–27a］。※おそらく「真言宗ノ旦那ニハ戒名ノミ授ケテ院号無キヿレ之如何」が正しい）

なお、ここでは明らかに在家者の「死後戒名」のみが戒名と呼ばれ、出家者の生前からの出家者名は法名と呼ばれていることに注意されたい。

亡者に戒名を与えることは在家者を死後に出家者とならせることであるが、戒名に院号や居士号のたぐいを付けることは在家者を死後も在家者にとどめることである。したがって、亡者に戒名を与えることと、戒名に院号や居士号のたぐいを付けることとは矛盾していると言える。

仏名ではない戒名

出家者は在家者の葬式において亡者を「死後出家」させるにあたって亡者に戒を授け、名を与える。そのような出家者名こそが戒名である。

ちなみに、『法華経』においては、ブッダが出家者たちに彼らが未来世に〇〇という名の仏となることを授記《じゅき》（予言）したことが説かれている。そのことについて、『法華経』にもとづく日蓮宗の一部の出家者たちは、ブッダは出家者たちに〇〇という仏名を与えたのであると理解し、そのような仏名こそが戒名であると説明している（詳細については戸田浩暁［1981: 7–8］）。しかし、そのような説明は適切でない。

『法華経』において、ブッダは出家者たちが未来世に〇〇という名の仏になることを予知したにすぎず、出家者たちに〇〇という仏名を与えたのではない。仏名はブッダによって与えられるものではなく、ましてや、ブッダならざる出家者によって与えられるものではないのである。仏名は戒名でなく、出家者名が戒名である。

戒名の背景としての聖者崇拝

本章においては、仏教において戒を授ける時に名を与えることが考え出されるようになった背景について確認してきた。まとめれば、次の表3－9のとおりである。

表3－9　戒を授ける時に名を与えることの背景

	背景
出家者が生者に戒を授ける時に名を与えること	中国における土着習俗
出家者が亡者に戒を授ける時に名を与えること	日本における聖者崇拝

出家者が亡者に戒を授ける時に名を与えることが考え出されるようになったのは、平安時代においては、『大集経』月蔵分にもとづいて、出家者はかならずすみやかに涅槃に入ることができるという聖者崇拝が存在しており、それゆえに、「死後出家」させられ戒を授けられるにあたって出家者名を与えられた亡者もまたかならずすみやかに涅槃に入ることができると考えられていたからである。出家者が亡者に戒を授ける時に名を与えることは、本来、聖者崇拝を背景として始まったのである。

第四章
慰霊の始まり

　慰霊とは、亡者を慰撫することである。すでに悪趣へ転生している亡者に布施を供えること、あるいはさらに善趣へ転生させること、それが慰霊である。

　第一章において確認したように、仏教においては、有情《うじょう》（生物）は死後にかならず転生あるいは般涅槃《はつねはん》すると考えられている。転生先としては、地獄趣、畜生趣、餓鬼趣、人趣、天趣という五趣が考えられており、そのうち、地獄趣、畜生趣、餓鬼趣が悪趣と呼ばれ、人趣、天趣が善趣と呼ばれている。仏教においては、もともと、慰霊は考えられていなかった。ただし、のちには、さまざまな背景にもとづいて、仏教においても慰霊が考え出されるようになった。

　本章においては、その背景について確認していきたい。確認にあたっては、厳密を期して、次の五つを区別する。

一　在家者が亡者に布施を供えること
二　在家者が出家者に布施を与えて亡者を餓鬼趣から善趣へ転生させること
三　在家者が出家者に布施を与えて亡者を悪趣から善趣へ転生させること

四　出家者／在家者が布施に呪文を唱えて亡者を餓鬼趣から善趣へ転生させること
五　出家者／在家者が亡者に呪文を唱えて亡者を悪趣から善趣へ転生させること

一　在家者が亡者に布施を供えること

布施を供えられるようになった亡者――インド

まず、在家者が亡者に布施を供えることはインドにおいて考え出された。

インドにおいては、仏教が起こる前から、在家者である婆羅門《ばらもん》（世襲祭司）たちが土着習俗として亡き親類血縁者たちの霊前に布施（お供え物）を供えていた。ただし、婆羅門たちのうちには、亡き親類血縁者たちがその布施を本当に享受できているかどうか、自信がない者もいたらしい。婆羅門のひとりジャーヌッソーニとブッダとの対話として、上座部の『アングッタラ・ニカーヤ』に次のようにある。

じつに、一辺に坐ったジャーヌッソーニ婆羅門は世尊に次のように申し上げた。「きみ、ゴータマよ、われらはじつに婆羅門というもので、布施を供えておるし、シュラーッダ祭（祖霊祭）をなしておる。「この布施が逝ける親類血縁者たちに役立たんことを。この布施を

ちくま文庫

4月の新刊 ●12日発売

風流江戸雀／呑々まんが
杉浦日向子

たのしい。おいしい。ほほえましい。

若旦那の放蕩、長屋の夫婦模様など川柳の世界を描き文藝春秋漫画賞を受賞した『風流江戸雀』に併せ、小咄《こばなし》集「呑々まんが」を文庫初収録。（**南伸坊**）

43873-7
858円

日本人宇宙飛行士
稲泉連

宇宙体験でしか得られないものとは？

地球を離れることで、人の感性はどう変わるのか？いま宇宙に行く意味とは？　12人の証言をもとにした未体験ノンフィクション。（**伊藤亜紗**）

43874-4
858円

暗闇のなかの希望　増補改訂版
●語られない歴史、手つかずの可能性
レベッカ・ソルニット　井上利男／東辻賢治郎 訳

イラク戦争下で「希望を擁護する」ために刊行され、二〇一六年に加筆された改訂版を文庫化。アクティヴィズムと思想を往還する名著。（**小川公代**）

43827-0
1100円

酒場學校の日々
●フムフム・グビグビ・たまに文學
金井真紀

新宿ゴールデン街にあった詩人草野心平ゆかりの酒場と出合い、ひょんなことから店を手伝うことになった著者が観察した酔っ払い模様。（**ドリアン助川**）

43872-0
880円

すべての雑貨
三品輝起

「世界がじわじわと雑貨化している気がする」東京・西荻窪で雑貨店FALLを営む著者が、雑貨について、雑貨化する社会について考えるエッセイ。（**荒内佑**）

43876-8
880円

6桁の数字はISBNコードです。頭に978-4-480をつけてご利用下さい。
内容紹介の末尾のカッコ内は解説者です。

好評の既刊
＊印は3月の新刊

お江戸暮らし　●杉浦日向子エッセンス
杉浦日向子　江戸にすんなり遊べるしあわせ
43815-7　924円

ドライブイン探訪
橋本倫史　日本の戦後史も見えてくる渾身のルポ
43817-1　990円

増補 本屋になりたい　●この島の本を売る
宇田智子　高野文子・絵　ここで働く理由がある
43829-4　836円

見えない音、聴こえない絵
大竹伸朗　世界は絵画だと思った
43813-3　990円

貸本屋とマンガの棚
高野慎三　「俗悪文化」の全貌に迫る！
43838-6　990円

ジンセイハ、オンガクデアル　●LIFE IS MUSIC
ブレイディみかこ　『アナキズム・イン・ザ・UK』から文庫化
43808-9　858円

オンガクハ、セイジデアル　●MUSIC IS POLITICS
ブレイディみかこ　イギリスの出来事が、今の壊れた日本を予見する
43810-2　858円

傷を愛せるか 増補新版
宮地尚子　ケアとは何か？　エンパワメントとは何か？
43816-4　792円

神田神保町書肆街考
鹿島茂　日本近代を育んだ知と文化の一大交差点のクロニクル
43831-7　2200円

高峰秀子ベスト・エッセイ
高峰秀子　斎藤明美 編　大女優のおそるべき随筆を精選
43840-9　946円

砂丘律
千種創一　伝統と革新がしなやかに交わりあう新世代短歌の傑作、文庫化!!
43836-2　880円

人間の解剖はサルの解剖のための鍵である 増補新版
吉川浩満　結局、人間とは何なのか？　知ることの〈喜び〉に溢れた本
43834-8　1320円

O・ヘンリー　ニューヨーク小説集　街の夢
青山南＋戸山翻訳農場 訳　「賢者の贈り物」含む23篇を収録！
43850-8　1100円

小さいコトが気になります
益田ミリ　どーでもいいこと、確認中！
43855-3　660円

生きていく絵　●アートが人を〈癒す〉とき
荒井裕樹　堀江敏幸氏、柴田元幸氏、川口有美子氏推薦！
43856-0　990円

十六夜橋 新版
石牟礼道子　紫式部文学賞受賞の傑作、待望の復刊！
43860-7　1100円

82年生まれ、キム・ジヨン
チョ・ナムジュ　「これは、わたしの物語だ」
43858-4　748円

地理学者、発見と出会いを求めて世界を行く！
水野一晴　アフリカ、南米、ドイツ…調査旅行は冒険に満ちている！
43805-8　990円

＊**しかもフタが無い**
ヨシタケシンスケ　デビュー作を文庫化！
43875-1　880円

＊**できない相談**　●piece of resistance
森絵都　描き下ろし2篇を加え、待望の文庫化！
43867-6　748円

6桁の数字はISBNコードです。頭に978-4-480をつけてご利用下さい。

4月の新刊　●12日発売

ちくま学芸文庫

日常生活における自己呈示

アーヴィング・ゴフマン　中河伸俊／小島奈名子 訳

私たちの何気ない行為にはどんな意味が含まれているか。その内幕を独自の分析手法によって赤裸々なまでに明るみに出したゴフマンの代表作。新訳。

51176-8
1650円

民藝図鑑　第一巻

柳宗悦 監修

民藝の美しさを示すために日本民藝館の総力を結集して作られた図録。本巻では日本の陶磁、染織、民画、金工、木工等を紹介。全三巻。（白土慎太郎）

51175-1
1540円

階級とは何か

スティーヴン・エジェル　橋本健二 訳

マルクスとウェーバーから、現代における展開まで。階級理論の基礎を、社会移動・経済的不平等・政治にも目配りしつつ、総覧する類書のない入門書。

51172-0
1320円

ペルシャの神話

岡田恵美子

天地創造神話から、『王書』に登場する霊鳥スィームルグや英雄ロスタムの伝説までをやさしく語る。ペルシャ文学の第一人者による入門書。（沓掛良彦）

51179-9
1100円

Math & Science

微分と積分

遠山 啓

■その思想と方法

微分積分は本質にねらいを定めて解説すれば意外に簡単なものである、と著者は言う。曖昧な説明や証明の省略を一切排した最高の入門書。（新井仁之）

51181-2
1430円

6桁の数字はISBNコードです。頭に978-4-480をつけてご利用下さい。
内容紹介の末尾のカッコ内は解説者です。

逝ける親類血縁者たちが享受せんことを」と。

きみ、ゴータマよ、はたして、その布施は逝ける親類血縁者たちに役立つだろうか。はたして、彼ら逝ける親類血縁者たちはその布施を享受するだろうか。」

「じつに、婆羅門よ、処《しょ》（適切な状況）においては役立ちますが、非処《ひしょ》（不適切な状況）においてではありません。」

「では、きみ、ゴータマよ、どれが処、どれが非処なのだろうか。」

「婆羅門よ、今世において、ある者は①生命を害する者となりますし、②与えられないものを取る者となりますし、③性行為を邪まに行なう者となりますし、④偽りのことばある者となりますし、⑤中傷のことばある者となりますし、⑥粗暴なことばある者となりますし、⑦軽薄なことばある者となりますし、⑧貪欲ある者となりますし、⑨瞋恚の心ある者となりますし、⑩邪見ある者となります。彼は、身が壊れてのち、死後、餓鬼趣に生まれます。餓鬼趣の者である有情たちにとって食《しょく》であるもの――それによって彼はそこ（餓鬼趣）で過ごしますし、それによって彼はそこにとどまります。あるいはまた、友だちか、連れたちか、親類たちか、血縁者たちかが彼にここ（人趣）から贈るもの――それによって彼はそこ（餓鬼趣）で過ごしますし、それによって彼はそこにとどまります。

婆羅門よ、じつに、これが、そこにとどまっている者に布施が役立つ、処（適切な状況）であるのです。」

（AN vol. V 269）

「では、きみ、ゴータマよ、もし、その逝ける親類血縁者がその処（餓鬼趣）に生まれていないならば、誰がその布施を享受するのだろうか。」

「婆羅門よ、彼の、ほかの逝ける親類血縁者たちもその処（餓鬼趣）に生まれています。彼らがその布施を享受するのです。」

「では、きみ、ゴータマよ、もし、他ならぬその逝ける親類血縁者がその処（餓鬼趣）に生まれておらず、彼の、ほかの逝ける親類血縁者たちもその処（餓鬼趣）に生まれていない場合、誰がその布施を享受するのだろうか。」

「婆羅門よ、その処（餓鬼趣）が、この長い時間にわたって、彼の、逝ける親類血縁者たちから遠ざかっているということ、このことは状況もないことですし、余地もないことです。婆羅門よ、かりにそうであってすら、布施する側も果を伴わないわけではありません。」

（AN vol. V, 270–271）

なお、説一切有部の『雑阿含経』一〇四一経（T2, 272b）もほぼ同じである。

ここでは、亡き親類血縁者たちは、すでに餓鬼趣へ転生している場合のみ、在家者によって供えられた布施を享受できると考えられている。亡き親類血縁者たちのうち、たとえ特定の者（X）が餓鬼趣へ転生していなくても、ほかの者たち（非X）のうち誰かはかならず餓鬼趣へ転生しているはずなので、在家者は亡き親類血縁者たちに布施を供えるのがよいとも考えられている。最後に「かりにそうであってすら、布施する側も果を伴わないわけではありません」とあるのは、かりに亡き親類血縁者たちが誰も餓鬼趣へ転生していなくても、布施する側である在家者がその福徳によって大きな果を得ないわけではないという意味である。

このようにして、仏教においても、亡者に布施を供えることが考えられるようになったのである。

承認された土着習俗

さて、在家者が亡者に布施を供えることは土着習俗を背景として考え出された。

前掲の『アングッタラ・ニカーヤ』において明らかなように、インドにおいては、もともと、仏教が起こる前から、在家者である婆羅門たちが土着習俗として亡者の霊前に布施を供えていた。仏教はそれを承認したのである。

仏教の独自性は、あらゆる亡者を対象とするのではなく、すでに餓鬼趣へ転生している亡者のみを対象として、在家者が霊前に布施を供えることを考え出したという点にある。

二　在家者が出家者に布施を与えて亡者を餓鬼趣から善趣へ転生させること

餓鬼趣から転生させられるようになった亡者――インド

次に、在家者が出家者に布施を与えて亡者を餓鬼趣から善趣へ転生させることもインドにおいて考え出された。

たとえば、上座部の『クッダカ・ニカーヤ』所収の『ペータヴァットゥ』（一―三、および一四―二五）に次のようにある（文中の「彼ら」とは、餓鬼を指す）。

阿羅漢たちは田のごとく、施主《せしゅ》らは農夫らのごとく、
施物《せもつ》は種子《たね》のごとくして、ここに実りが出来《しゅったい》す。
この種子、そして、耕田は、餓鬼らと施主のためのもの。
それを餓鬼らは享楽す。施主は福徳にて栄え、
まさに今世に善なして、餓鬼らに対し供養して、
よろしき業をなしてのち、天界へ、処《しょ》へ進入す。

彼らは壁の外に立つ。さらに、交差路、四つ辻に。
おのれの家にやって来て、彼らは扉の脇に立つ。
噛むべきものと、吸うべきもの、あまたの飲食、調《ととの》うも、
業《ごう》の縁ゆえ、誰すらも、彼ら有情を想起せず。
憐れみぶかき者たちは、亡き親族に、かく供う。
適時に、清き、上等の、きまりにかなう飲食を。――
「わが親族に、これはあれ。楽となれかし、親族は。」
そこにつどいて集まれる、彼ら親族餓鬼たちは、
あまたとなれる飲食に、恭敬《くぎょう》をなして歓喜をす。――
「われらが獲るに力貸す、わが親族は長寿なれ。
われらに供養なされたり。施主には実りなかるまじ。」
そこに耕作ありはせず、そこに牧牛みいだせず、
かかる商売、金による、売買ありはせぬゆえに、
死せる餓鬼らはそこにては、ここからの施《せ》をもて過ごす。
高きに降れる雨水が、低きに向かいゆくように、
ここからの施もそのように、餓鬼らにとりて役に立つ。
満ちたる水の奔流が、海をば満たしゆくように、
ここからの施もそのように、餓鬼らにとりて役に立つ。

「われに給《たま》いき。われに為《し》き。わが族《うから》、朋《とも》、連れなりき。」――
かつての恩を憶いつつ、餓鬼らに報酬なせよかし。
涕泣あるいはまた憂愁、ありとあらゆるほかの悲嘆――
それは餓鬼には益なきも、遺族はかくも続行す。
されど、これなる、与えられ、サンガに立ちし報酬は、
彼に長夜《じょうや》に益となり、かつはただちに役に立つ。
かく、この、族《うから》の法説かれ、餓鬼らに広き供養なされ、
比丘らに体力つけられぬ。多き福徳、汝《なれ》らなしき。

ここでは、まず、冒頭において、出家者は「田のごとく」、在家者は「農夫のごとく」、布施は「種子《たね》のごとく」であると説かれている。在家者は出家者という福田《ふくでん》（福徳に実りをもたらす田）に布施という種子を播き、福徳を育ててもらい、死後にその福徳の実りを得、それを受けて天趣へ転生するし、餓鬼もまた在家者が出家者に布施を与えることによって布施を享楽すると考えられているのである。

さらに、末尾において、在家者が餓鬼への報酬として出家者に与える布施は餓鬼に「ただちに役に立つ」と説かれている。「ただちに役に立つ」とは、餓鬼にただちに天趣への転生をもたらすという意味である。在家者が餓鬼のために出家者に布施を与えた場合、在家者は死後に天趣へ転生するが、餓鬼はただちに天趣へ転生すると考えられているのである。

展開された聖者崇拝

さて、在家者が出家者に布施を与えて亡者を餓鬼趣から善趣へ転生させることは聖者崇拝を背景として考え出された。そのことは、前掲の『ペータヴァットゥ』において、布施を与えられる出家者があくまで聖者である「阿羅漢たち」であることからわかる。

第一章において確認したように、仏教においては、在家者は、聖者である出家者に布施を与えた場合、その福徳によって大きな果／報酬を得、それを受けて死後に善趣へ転生すると考えられている。それと同様に、おそらく、もともとは、在家者は、餓鬼のために聖者である出家者に布施を与えた場合、その福徳によって大きな果／報酬を得、餓鬼はそれを受けてただちに天趣へ転生すると考えられていたのである。

ただし、この点について、上座部と説一切有部とにおいては、在家者が餓鬼のために聖者である出家者に布施を与えた場合、餓鬼はそのことに随喜し、そのみずからの福徳によって大きな果／報酬を得、それを受けてただちに天趣へ転生すると考えられている。決して、餓鬼は在家者の福徳によって大きな果／報酬を得、それを受けてただちに天趣へ転生すると考えられているのではない（清水俊史［2017］第五部第四章「施餓鬼の構造」）。

しかし、上座部と説一切有部とにおけるそのような考えかたが諸部派におけるもともとの考えかたであったとは断定できない。というのも、ほかの部派においては、そのような考えかたは確認されていないのである。たとえば、法蔵部の『長阿含経』世記経《せききょう》に次のようにある。

餓鬼趣は三つのことがあるので閻浮提《えんぶだい》（ユーラシア大陸）〔の人趣〕よりも勝れている。三つとは何か。

第一は、長寿、

第二は、大きな体、

第三は、他作自受《たさじじゅ》である。

これら三つのことによって閻浮提〔の人趣〕よりも勝れているのである。

（巻二十。T1, 135c）

ここでは、餓鬼趣が勝れていることのひとつとして、他作自受――他者が〔福徳を〕なし、自己が〔大きな果／報酬を〕受けること――が挙げられている。法蔵部においては、在家者が餓鬼のために聖者である出家者に布施を与えた場合、餓鬼は在家者の福徳によって大きな果／報酬を得、それを受けてただちに天趣へ転生すると考えられていたのである。

まとめれば、法蔵部においては、在家者が餓鬼のために聖者である出家者に布施を与えた場合、餓鬼は在家者の福徳によって大きな果／報酬を得、それを受けてただちに天趣へ転生すると考えられている。上座部と説一切有部とにおいては、在家者が餓鬼のために聖者である出家者に布施を与えた場合、餓鬼はそのことに随喜し、そのみずからの福徳によって大きな果／報酬を得、それを受けてただちに天趣へ転生すると考えられている。上座部と説一切有部との考えかたは、どうやら、他作自受を斥けることを目的としているらしいが、その点において、法蔵部の考えかたより新しいと判断されうる。

したがって、おそらくは、在家者は、餓鬼のために聖者である出家者に布施を与えた場合、その福徳によって大きな果／報酬を得、餓鬼はそれを受けてただちに天趣へ転生するというのが諸部派におけるもともとの考えかたではなかったかと考えられる。

三　在家者が出家者に布施を与えて亡者を悪趣から善趣へ転生させること

悪趣から転生させられるようになった亡者――インド

次に、在家者が出家者に布施を与えて亡者を悪趣から善趣へ転生させることもインドにおいて考え出された。

たとえば、大乗経のひとつ、『盂蘭盆経《うらぼんきょう》』に次のようにある（先行訳として Karashima Seishi ［2012b］を参照した）。

ブッダはマウドガリヤーヤナにおっしゃった。「全方向にあるサンガが七月十五日（雨季の安居《あんご》〈蟄居〉の終わり）にプラヴァーラナー（反省会）をおこなう時、厄難のうちにある、七回の前生における父母と、現在における父母とのために、飯と、百の珍味と、五の果実と、汲んだり灌いだりするための盆器と、香油と、灯燭と、坐具と臥具とを具え、世の甘美を尽くすものを盆に置き、全方向にいる大徳たち、サンガに供養せよ。

この日において、あらゆる聖者たち――山間にあって禅定《ぜんじょう》していたり、〔預流果、一来果、不還果、阿羅漢果という〕四果を得ていたり、樹下において経行《きょうぎょう》（緩歩）していたり、六神通によって自在に声聞と独覚とを教化していたり、十地の菩薩摩訶薩であって仮に比丘として現われていたりする――は大衆《だいしゅ》のうちにあっていずれも同一の心によってプラヴァーラナーの飯を受ける。

清浄な戒と聖者の道とを具えている者はその徳が広いものである。もしこれらプラヴァーラナーにあるサンガに供養するならば、現在における父母と、七回の前生における父母と、六種類の親類とは〔地獄趣、畜生趣、餓鬼趣という〕三趣の苦から出られ、ただちに解き放たれ、衣食が自然に具わる。

さらに、もしある人の父母が現に生きているならば、〔父母は〕百年のあいだ福楽を有する。もしすでに亡くなっているならば、七回の前生における父母とともに天に受生する。自在に化生《けしょう》として天上の花の光のうちに入り、無量の快楽を受ける。」

その時、ブッダは制定したまうた。「全方向にあるサンガはいずれも先に施主の家のために七回の前生における父母に報酬を差し向け、禅定の心に行じ、しかるのちに食を受けること。初めに盆を受ける時、先に仏塔の前に安置し、サンガが報酬を差し向けてのち、ようや

くみずから食を受けること。」（T16, 779b）

「先に施主の家のために七回の前生における父母に報酬を差し向け」と説かれているうち、「報酬」とは、祝福である。「報酬」については、第二章において確認した。

先の『ペータヴァットゥ』においては、在家者が出家者に布施を与えて亡者を餓鬼趣から善趣へ転生させることが考えられていた。しかし、この『盂蘭盆経』においては、在家者が出家者に布施を与えて亡者を餓鬼趣のみならず三つの悪趣（地獄趣、餓鬼趣、畜生趣）から善趣へ転生させることが考えられているのである。

なお、従来、『盂蘭盆経』は偽経である可能性が高いと考えられてきたが、近年、同経が偽経である可能性はないと考えられるようになってきている（Karashima Seishi［2012b］）。

聖者の定がもたらした聖者崇拝

さて、在家者が出家者に布施を与えて亡者を悪趣から善趣へ転生させることは聖者崇拝を背景として考え出された。そのことは、前掲の『盂蘭盆経』において、布施を与えられるのがあくまで「あらゆる聖者たち」――仏、独覚、声聞、十地の菩薩――であることからわかる。

注意されるべきなのは、『盂蘭盆経』において、「全方向にあるサンガはいずれも先に施主の家のために七回の前生における父母に報酬を差し向け、禅定の心に行じ、しかるのちに食を受けること」と説かれていることである。

第一章において確認したように、『アングッタラ・ニカーヤ』においては、在家者は、聖者である出家者に布施を与えた場合、出家者が聖者の定《じょう》（集中状態）に入ることによって大きな果／報酬を得、それを受けて死後に天趣へ転生すると考えられている。それと同様に、『盂蘭盆経』においても、在家者は、亡者のために聖者である出家者に布施を与えた場合、出家者が聖者の定に入ることによって大きな果／報酬を得、亡者はそれを受けてただちに天趣へ転生すると考えられているのである。

悪趣から転生させられるようになった亡者と、中元節の発生——中国

中国においては、インドから『盂蘭盆経』が伝えられるにつれ、在家者が出家者に布施を与えて亡者を悪趣から善趣へ転生させることが考えられるようになった。

よく知られているように、宗懍（五〇〇—五六〇）が著した『荊楚歳時記《けいそさいじき》』（守屋美都雄〔訳注〕[1978: 196–201]）においては、南朝において七月十五日に盂蘭盆会が行なわれていたことが記されている。後代の史料であるが、咸淳五年（一二六九）に成立した志磐《しばん》『仏祖統紀《ぶっそとうき》』（巻三十七。T49, 351a）においても、南朝の梁において、大同四年（五三八）、武帝が同泰寺に行幸して盂蘭盆斎を設けたことが伝えられている。

総章元年（六六八）に完成した道世《どうせい》『法苑珠林《ほうおんじゅりん》』（巻六十二。T53, 750b）においては、唐において、長安の西明寺《さいみょうじ》や慈恩寺《じおんじ》など、国家の大寺に、毎年、国家から盆が送られることが説かれている。現実に、『旧唐書』（巻百九十上、列伝第百四十上、楊炯伝）においては、如意元年（六九二）

七月十五日、宮中から盂蘭盆を出して仏寺に分けて送ったことが記されている。その場合、盂蘭盆とは、出家者に与える布施を載せた盆であった。ちなみに、『旧唐書』（巻百十八、列伝第六十八、王縉伝）においては、代宗の時代に宮中において盂蘭盆が造られることが恒例となったことが記されている。『仏祖統紀』（巻四十一。T49, 378c）においては、これは大暦元年（七六六）と特定されている。

注目されるべきなのは、仏教において七月十五日に慰霊のための盂蘭盆会が考えられていることによって触発され、道教においても七月十五日に慰霊のための中元節が考えられるようになったことである（中元節の成立については松本浩一［2008］）。北宋ごろからは、盂蘭盆会と中元節とは互いに習合しつつ行なわれるようになった。

紹興十七年（一一四七）の序文を有する孟元老『東京夢華録《とうけいむかろく》』（巻八。入矢義高、梅原郁〔訳注〕［1996: 284–287］）においては、北宋において、中元節にあたって在家者が盂蘭盆を造っていたことが記されている。その場合、盂蘭盆とは、出家者に与える布施を載せた盆ではなく、亡者に供える布施を載せた盆であった。前述のように、もともと、盂蘭盆会においては、在家者が出家者に布施を与えて亡者を悪趣から善趣へ転生させることが考えられていたが、北宋においては、盂蘭盆会において、在家者が亡者に布施を供えることが考えられるようになったのである。

ただし、北宋においても、在家者が出家者に布施を与えて亡者を悪趣から善趣へ転生させることが考えられなくなったわけではない。じつは、このころから、中国においては、『瑜伽集要救《ゆがしゅうようぐ》阿難陀羅尼焰口軌儀経《あなんだらにえんくきぎきょう》』『瑜伽集要焰口施食儀《ゆがしゅうようえんくせじきぎ》』（後述）が登場するようになった。そして、盂蘭盆会においては、それらにもとづいて、在家者が出家者／在家者に布施を与え、出家者／在家者が布施に呪文を唱えて亡者を悪趣から善趣へ転生させることが考えられるようになった。

たとえば、中川忠英『清俗紀聞』（孫伯醇・村松一弥〔編〕［1966a: 52］）においては、清の江南地方において、七月十五日にもっとも富貴の者が自宅において焰口の供養を行なうことが記されている。焰口の供養とは、『瑜伽集要救阿難陀羅尼焰口軌儀経』『瑜伽集要焰口施食儀』にもとづいて、在家者が出家者／在家者に布施を与え、出家者／在家者が布施に呪文を唱えて亡者を悪趣から善趣へ転生させることである。

もともと、盂蘭盆会においては、在家者が出家者に布施を与えて亡者を悪趣から善趣へ転生させることが考えられていたが、のちには、在家者が亡者に布施を供えること、および、在家者が出家者／在家者に布施を与え、出家者／在家者が布施に呪文を唱えて亡者を悪趣から善趣へ転生させることが考えられるようになったのである。このようなかたちの盂蘭盆会は中元節とともに長く続き、江南や台湾を中心として現代においても行なわれている。

悪趣から転生させられるようになった亡者と、「お盆」の行事の発生——日本

日本においても、中国から『盂蘭盆経』が伝えられるにつれ、在家者が出家者に布施を与えて亡者を悪趣から善趣へ転生させることが考えられるようになった。

『日本書紀』斉明天皇三年（六五七）七月十五日条においては、飛鳥時代において、斉明天皇（五九四―六六一。在位六五五―六六一）が飛鳥寺に盂蘭盆会を設けたことが伝えられている。

『続日本紀』天平五年(七三三)七月庚午(六日)条においては、奈良時代において、聖武天皇(七〇一—七五六。在位七二四—七四九)が大膳職に盂蘭盆供養を備えさせることを始めたことが伝えられている。

ここまで、日本においては、盂蘭盆会において、在家者が出家者に布施を与えて亡者を悪趣から善趣へ転生させることが考えられていたのである。ただし、のちには、日本においても、北宋からの影響によって、盂蘭盆会において、在家者が亡者に布施を供えることが考えられるようになった。いわゆる「お盆」の行事の始まりである。

前述のように、北宋においては、中元節にあたって在家者は亡者に供える布施を載せた盆を造っていた。日本において、「お盆」の行事にあたって在家者が亡者に供える布施を載せた精霊棚《しょうりょうだな》を造るようになったのは、まさしく、北宋からの影響による。

さらに、前述のように、中国においては、このころから、盂蘭盆会において、在家者が出家者/在家者に布施を与え、出家者/在家者が布施に呪文を唱えて亡者を悪趣から善趣へ転生させることが考えられるようになった。それにしたがって、日本においても、盂蘭盆会において、在家者が出家者に布施を与え、出家者が布施に呪文を唱えて亡者を悪趣から善趣へ転生させることが考えられるようになった。

真言宗の諦忍妙龍《たいにんみょうりゅう》(一七〇五—一七八六)は、『盆供施餓鬼問弁《ぼんぐせがきもんべん》』において、これが盂蘭盆会本来のかたちではないことを指摘している(諦忍妙龍[1765: 1a])。ただし、このようなかたちの盂蘭盆会は「お盆」の行事として長く続き、現代においても行なわれている。

四　出家者／在家者が布施に呪文を唱えて亡者を餓鬼趣から善趣へ転生させること

呪文によって餓鬼趣から転生させられるようになった亡者――インド

次に、出家者／在家者が布施に呪文を唱えて亡者を餓鬼趣から善趣へ転生させることもインドにおいて考え出された。

七世紀ごろに出現した、初期密教に属する『救抜焔口《ぐばつえんく》餓鬼《がき》陀羅《だら》尼経《にきょう》』においては、わずかな布施（お供え物）に呪文――いわゆる焔口陀羅尼――を唱えることによって、すでに餓鬼へ転生しているあまたの亡者たちに布施を供えることができるし、それを食べた亡者たちを天趣へ転生させることができると説かれている。同経に次のようにある。

> アーナンダよ、わたしも婆羅門であった際、観自在菩薩と自在威徳如来とからこの陀羅尼を得、それの力によって無量の餓鬼と多くの婆羅門とに食物と献菓とを与えたのである。そして、彼ら餓鬼界に生まれていた者たちは苦から解放されてのち天界の諸天に生まれたのである。
>
> アーナンダよ、汝はこの陀羅尼をたもて。〔汝の〕福徳と寿量《じゅりょう》（余命）とも増大しつつ生

ずるであろう。

（D no. 646, Ba 130b7–131a2; P no. 356, Ba 239a8–b3）

なお、アーナンダは出家者であるが、同経においては、出家者のみならず在家者も呪文を唱えることができると説かれている。

呪文をもたらした土着習俗

さて、出家者／在家者が布施に呪文を唱えて亡者を餓鬼趣から善趣へ転生させることは土着習俗を背景として考え出された。

インドにおいては、『アタルヴァ・ヴェーダ』以来、土着習俗として呪文の効果が信じられていた。仏教はもともとそのような土着習俗と無関係に始まったが、第二章において確認したように、部派仏教においては、土着習俗に応ずるかたちで魔よけとして経文を唱えることが考えられるようになり、密教においては、土着習俗を取り込むかたちで呪文を唱えることが考えられるようになったのである。

呪文によって餓鬼趣のみならず悪趣から転生させられるようになった亡者——中国

中国においては、インドから『救抜焔口餓鬼陀羅尼経』が伝えられるにつれ、出家者／在家者が布施に呪文を唱えて亡者を餓鬼趣から善趣へ転生させることが考えられるようになった。

同経がインドから伝えられたのは唐においてである。日本から唐に留学した、真言宗の開祖、空海（弘法大師。七七四―八三五）は同経にもとづく実践マニュアル『施諸餓鬼飲食儀軌』を、日本天台宗の第三代天台座主、円仁（慈覚大師。七九四―八六四）は同経にもとづく実践マニュアル『施諸餓鬼飲食及水法并手印』を、それぞれ請来して帰国している。

南唐においては、応之《おうし》（生没年未詳）が保大年間（九四三―九五七）に編纂した『五杉練若新学備用《ごさんれんにゃしんがくびよう》』（巻下、施亡人食）のうちに出家者が呪文とともに唱えるべき自作の文を収めている。

北宋においては、遵式《じゅんしき》（九六四―一〇三二）が景徳四年（一〇〇七）に撰述した『金園集』のうちに同経に関係する自作の文を収め、南宋においては、宗暁《しゅうぎょう》（一一五一―一二一四）が嘉泰四年（一二〇四）に編纂した『施食通覧《せじきつうらん》』のうちに同経に関係する先人の文を収めている。

注意されるべきなのは、前述のように、このころ、中国においては、『救抜焔口餓鬼陀羅尼経』を大幅に改変した『瑜伽集要救阿難陀羅尼焔口軌儀経《ゆがしゅうようぐあなんだらにえんくきぎきょう》』が登場し、さらに、同経にもとづく実践マニュアル『瑜伽集要焔口施食儀《ゆがしゅうようえんくせじきぎ》』が登場したことである。これらは経録に記載されていないが、前出の宗暁『施食通覧』の附録において『瑜伽集要焔口施食儀』が引用されているから、遅くとも南宋において流通していたことがわかる（吉岡義豊 [1956]）。日本の真言宗の諦忍妙龍は、『盂供施餓鬼問弁』において、『瑜伽集要救阿難陀羅尼焔口軌儀経』が偽経であることを明らかにし、同経にもとづく『瑜伽集要焔口施食儀』も随喜すべき法でないことを説いている（諦忍妙龍 [1765: 12b–13b;17ab]）。

ただし、中国においては、『瑜伽集要救阿難陀羅尼焔口軌儀経』『瑜伽集要焔口施食儀』が主流となっていった。というのも、『救抜焔口餓鬼陀羅尼経』においては、出家者／在家者が布施に呪文を唱えて亡者を餓鬼趣から善趣へ転生させることが考えられているにすぎないが、『瑜伽集要救阿難陀羅尼焔口軌儀経』『瑜伽集要焔口施食儀』においては、出家者／在家者が布施に呪文を唱えて亡者を三つの悪趣（地獄趣、畜生趣、餓鬼趣）から善趣へ転生させることが考えられているからである。

たとえば、『瑜伽集要救阿難陀羅尼焔口軌儀経』に次のようにある。

①羽毛ある飛空族（鳥）、②鱗で泳ぐ水族（魚）、③毛を被る有角類（獣）、④蠢動する含霊（虫）、⑤屍《しかばね》を鞭打たれ、苦渋し、多く冤恨《えんこん》を生じ、〔冤恨によって〕繋がれ、脱け出せずにいる曠野の遊魂、⑥財と命とを奪われた歴劫の怨魂、⑦いまだ〔聖者の〕果を証得しないまま亡くなった僧尼、⑧多くの前生における父母眷属親戚は如来（ブッダ）の教えに乗じて〔地獄趣、畜生趣、餓鬼趣という〕三つの悪趣から出られ、無量の地獄趣は菩提心《ぼだいしん》を発し、おのおの冤恨の結ぼれから脱け出すことを願い、あたかも父母に対する想いのように互いを讃仰しあい、この道場に到り、〔如来が〕気にかけてくださっていたのを知って、心に踊躍をいだく。――あたかも優曇華《うどんげ》（ウドゥンバラの花）のように、はなはだめぐりあいがたいものだ、と。

（T21, 469c）

ここでは、明らかに、餓鬼趣から善趣へ転生させることでなく、三つの悪趣から善趣へ転生させることが考えられている。どうせやるなら、餓鬼趣のみから善趣へ転生させるよりも、三つの悪趣から善趣へ転生させるほうが、多くの亡者を救える。そういうわけで、中国においては、『瑜伽集要救阿難陀羅尼焔口軌儀経』『瑜伽集要焔口施食儀』が主流となっていったのである。

明においては、『瑜伽集要焔口施食儀』を改変した実践マニュアルが数多く作られ、雲棲袾宏《うんせいしゅこう》（蓮池大師。一五三五―一六一五）がそれらを修正して万暦三十四年（一六〇六）に『修設瑜伽集要《しゅせつゆがしゅうよう》施食壇儀《せじきだんぎ》』を編纂した。こののち、清においては『修設瑜伽集要施食壇儀』に準拠した実践マニュアルが数多く作られるようになる（吉岡義豊［1956］）。

中川忠英『清俗紀聞』（孫伯醇・村松一弥〔編〕［1966b: 164–171; 206–210］）においては、清の江南地方における施食が図版とともに詳しく記されている。このようなかたちの施食は江南や台湾を中心として現代においても行なわれている。

呪文によって餓鬼趣か悪趣から転生させられるようになった亡者——日本

日本においても、中国から『救抜焔口餓鬼陀羅尼経』が伝えられるにつれ、出家者／在家者が布施に呪文を唱えて亡者を餓鬼趣から善趣へ転生させることが考えられるようになった。

インドにおいては、出家者のみならず在家者も呪文を唱えることができるが、日本においては、在家者が出家者に布施を与えて呪文を唱えさせることが多い。

平安時代以降、真言宗、天台宗においては、『救抜焔口餓鬼陀羅尼経』『施諸餓鬼飲食及水法并手印』に取捨を加えた実践マニュアルがさまざまに作られ、用いられていた。

それに対し、室町時代以降、臨済宗、曹洞宗においては、元において臨済宗の中峰明本（一二六三―一三二三）が著した『幻住庵清規《げんじゅうあんしんぎ》』所収の「開甘露門普施法食文」に取捨を加えた実践マニュアルがさまざまに作られ、用いられるようになった。

さらに、江戸時代、中国から伝わった黄檗宗においては、前述の雲棲袾宏『修設瑜伽集要施食壇儀』に準拠した実践マニュアル『瑜伽焔口科範』が用いられるようになった。

黄檗宗を例外として、ほかの諸宗においては、流派ごとに別々の実践マニュアルが用いられていたようである。ただし、明治時代以降、諸宗の中央集権化が進むにつれ、諸宗は宗ごとに統一された実践マニュアルを用いるようになってきている。このようなかたちの施食は現代においてはおもに「お盆」の行事において行なわれている。

五　出家者／在家者が亡者に呪文を唱えて亡者を悪趣から善趣へ転生させること

呪文によって悪趣から転生させられるようになった亡者――インド

次に、出家者／在家者が亡者に呪文を唱えて亡者を悪趣から善趣へ転生させることもインドにおいて考え出された。

たとえば、七世紀ごろに出現した、初期密教に属する『仏頂尊勝陀羅《ぶっちょうそんしょうだら》尼経《にきょう》』においては、呪文――尊勝陀羅尼――を唱えることによって、すでに悪趣へ転生している亡者を善趣へ転生させることができると説かれている（訳註研究として畝部俊也［2015］）。

さらに、やはり七世紀ごろに出現した、初期密教に属する『不空羂索神変真言経《ふくうけんじゃくじんぺんしんごんきょう》』においても、呪文――いわゆる光明真言など――を唱えることによって、すでに悪趣へ転生している亡者を善趣へ転生させることができると説かれている（該当箇所の訳註研究として密教聖典研究会［2015］）。

さらに、八世紀ごろに出現した、後期密教に属する『ドゥルガティパリショーダナ・タントラ』（『悪趣清浄タントラ』と訳されることが多い）においても、呪文――「すべての悪趣を浄化する王者」という名の心呪――を唱えることによって、すでに悪趣へ転生している亡者を善趣へ転生させることができると説かれている。

呪文をもたらした土着習俗

さて、出家者／在家者が亡者に呪文を唱えて亡者を悪趣から善趣へ転生させることは土着習俗を背景として考え出された。

前述のように、インドにおいては、『アタルヴァ・ヴェーダ』以来、土着習俗として呪文の効果が信じられていた。仏教はもともとそのような土着習俗と無関係に始まったが、第二章において確認したように、部派仏教においては、土着習俗に応ずるかたちで魔よけとして経文を唱えることが考えられるようになり、密教においては、土着習俗を取り込むかたちで呪文を唱えることが考えられるようになったのである。

呪文によって悪趣から転生させられるようになった亡者――中国

中国においても、インドから『仏頂尊勝陀羅尼経』『不空羂索神変真言経』が伝えられるとともに、出家者／在家者が亡者に呪文を唱えて亡者を悪趣から善趣へ転生させることが考えられるようになった（なお、『ドゥルガティパリショーダナ・タントラ』は伝えられなかった）。

両経は唐においてインドから伝えられた。

北宋においては、永観元年（九八三）から四年にかけて留学中であった日本天台宗の奝然《ちょうねん》（九三八―一〇一六）が、尊勝陀羅尼を唱えながら在家者である節度使を墓所へ葬送していく出家者たちの姿を、『在唐記』（散逸。『覚禅鈔』尊勝下所引。DBZ45, 380a）において伝えている（速水侑［1975: 201, note 74］）。

さらに、北宋において十世紀後半から十二世紀中葉までに撰述されたと考えられている、著者不明『臨終方訣《りんじゅうほうけつ》』（T17, 747a）においては、在家者が出家者に請うて、呪文を黄土に向かって二十一回唱えてもらい、遺体の上に撒いてもらうことが説かれている（岡部和雄［1985］）。『仏頂尊勝陀羅尼経』『不空羂索神変真言経』においては、呪文を唱えられた土砂を遺骨の上に撒くことによっても、すでに悪趣へ転生している亡者を天趣へ転生させることができると説かれているから、『臨終方訣』はそれに拠っているのである。

ただし、前述のように、このころ、中国においては、『瑜伽集要救阿難陀羅尼焰口軌儀経』『瑜伽集要焰口施食儀』が登場するようになった。それらにおいては、出家者／在家者が布施に呪文を唱えて亡者を悪趣から善趣へ転生させることが考えられている。

それゆえに、こののち、中国においては、出家者／在家者が亡者に呪文を唱えて亡者を悪趣から善趣へ転生させることよりも、出家者／在家者が布施に呪文を唱えて亡者を悪趣から善趣へ転生させることのほうが主流となっていったのである。

呪文によって悪趣から転生させられるようになった亡者——日本

日本においても、中国から『仏頂尊勝陀羅尼経』『不空羂索神変真言経』が伝えられるとともに、出家者／在家者が亡者に呪文を唱えて亡者を悪趣から善趣へ転生させることが考えられるようになった。

出家者のみならず在家者も呪文を唱えることができるが、現実においては、在家者が出家者に布施を与えて呪文を唱えさせることが多い。

平安時代においては、皇族、貴族が出家者に布施を与えて呪文を唱えさせることが始まった。『日本三代実録』元慶四年（八八〇）十二月十一日条においては、清和天皇（当時、上皇。八五〇—八八一。在位八五八—八七六）が亡くなった時、初七日から四十九日まで、出家者五十人に昼は『法華経』を読ませ、夕は光明真言を誦《じゅ》させたことが記されている。

さらに、醍醐天皇（八八五—九三〇。在位八九七—九三〇）の第四皇子、重明《しげあきら》親王（九〇六—九五四）の日記『吏部王記《りほうおうき》』延長八年（九三〇）九月二十九日条においては、醍醐天皇（当時、上皇）が亡くなった時、翌日から、出家者二十人に昼は『法華経』を読ませ、夕は念仏として尊勝陀羅尼を念じさせたことが記されている（逸文。米田雄介、吉岡真之〔校訂〕［1974: 43］）。

このころにおいては、在家者は出家者に布施を与えて四十九日のあいだ呪文を唱えさせていたらしい。ただし、のちにおいては、在家者は出家者に布施を与えて在家者の葬式において呪文を唱えさせるようになっていく。

たとえば、藤原行成（九七二—一〇二八）の日記『権記《ごんき》』寛弘八年（一〇一一）七月九日条においては、一条天皇（当時、法皇。九八〇—一〇一一。在位九八六—一〇一一）の葬式において、遺骨が骨壺に入れられ、天台宗の出家者である慶円（九四四—一〇一九）が光明真言を念誦したことが記されている。

さらに、源経頼（九八五—一〇三九）の日記『左経記《さけいき》』（『類聚雑例』）長元九年（一〇三六）五月十九日条においては、後一条天皇（一〇〇八—一〇三六。在位一〇一六—一〇三六）の葬式において、天台宗の出家者である慶命（九六五—一〇三八）らが土砂に呪文を唱えて御葬所（火葬の地）の上に散じ、そのあとに、遺骨を骨壺に入れ、呪文を唱えられた土砂を加えて納めたことが記されている。

鎌倉時代においては、皇族、貴族からの影響を受け、武士、農民のあいだでも出家者に布施を与えて在家者の葬式において呪文を唱えさせることが始まった。真言宗の明恵《みょうえ》（一一七三—一二三二）が光明真言の普及に力を入れたこともあって、のちにおいては、尊勝陀羅尼よりも光明真言のほうが唱えられるようになり、こんにちにおいても、真言宗や天台宗の出家者は在家者の葬式において光明真言を唱えることが多い。

呪文のほかに必要とされた悟り体験

先に確認したように、『ペータヴァットゥ』においては、すでに餓鬼趣へ転生している亡者をただちに天趣へ転生させてくれるのは聖者である。『盂蘭盆経』においても、すでに悪趣へ転生している亡者をただちに天趣へ転生させてくれるのは聖者である。

それに対し、『救抜焔口餓鬼陀羅尼経』においては、すでに餓鬼趣へ転生している亡者をただちに天趣へ転生させてくれるのは呪文を唱える出家者／在家者である。『仏頂尊勝陀羅尼経』『不空羂索神変真言経』においても、すでに悪趣へ転生している亡者をただちに天趣へ転生させてくれるのは呪文を唱える出家者／在家者である。

もしそうならば、呪文を唱える出家者／在家者は、たとえ聖者でなくても、呪文を唱えるだけで亡者を悪趣から善趣へ転生させることができるのだろうか。

この疑問について、聖者に該当する、江戸時代における臨済宗の絶大な悟り体験者たちは否定的な見解を示している。たとえば、臨済宗妙心寺派の至道無難《しどうむなん》（一六〇三―一六七六）の法語『即心記』に次のようにある。

わたしの弟子が死霊を弔うことについて質問した。

第一に、〔出家者が〕わが身〔に対する念〕を消し、心を消し、修行が成就した上で弔うならば、〔死霊も悪念を手離して〕浮かばれるのである。〔出家者が〕たとえ年老いて好色の念がなくても、〔好色の念の残り香が〕心に移っているうちは、たとえ弔っても〔死霊が悪念を手離して〕浮かばれることはない。〔出家者が〕かならず無念となって弔えば、悪霊も〔悪念を手離して〕浮かばれるのである。

この道（悟り）が成就している人には、確かなしるしがある。〔その人と〕向かいあう時、男も女も悪念が消えるのである。これを道人（悟った人）と呼ぶ。（NZG15, 99–100）

絶大な悟り体験者と向かい合った時、生者は男も女も悪念が消える。それと同様に、絶大な悟り体験者と向かい合った時、亡者は男も女も悪念が消える。それによって、悪趣から善趣へ転生するというのである。

無難の師であった、江戸時代最大級の悟り体験者、愚堂東寔《ぐどうとうしょく》（大円宝鑑国師。一五七七―一六六一）は、騒霊現象（ポルターガイスト現象）が起こっている場所へ数多く赴いてはそれらを鎮めたと伝えられ、その記録は『大円宝鑑国師語録』巻中「薦抜」として残されている。無難は東寔を念頭に置いて「道人」を語っているとも考えられる。

さらに、至道無難の同時代人、臨済宗妙心寺派の盤珪永琢《ばんけいようたく》（一六二二―一六九三）の法語『盤珪禅師説法』に次のようにある。

ある出家者の質問。「経を読み、陀羅尼を唱え、亡者に廻向《えこう》しまして、〔亡者の〕ためになるでしょうか。あるいは、無益なことでございましょうか。」

禅師〔盤珪〕のご回答。「〔出家者〕自身が不生《ふしょう》〔念の生じない状態〕に符合しないうちは、亡者の廻向になりませぬ。このことを不審に思われるでしょうが、どの人にも生まれつき具わっている仏心《ぶっしん》〔ブッダとしての心〕を、念に替えてしまい、迷っておきながら、経を読み、陀羅尼を唱え、たとえ亡者に引導を渡しても、引導になりませぬわいな。

また、めいめいに生まれつき具わっている仏心を、〔悟り体験の〕一境地へと打ち出して不生になり得ましてのち、廻向するならば、〔その廻向は〕真実の廻向と申すものであって、祖父・曾祖父の代《だい》までの亡者までもが、その場において全員成仏しますわいな。」


（NZG16, 334）


意味はわかりやすい。

至道無難も盤珪永琢も、悟り体験者であってこそ、亡者を悪趣から善趣へ転生――俗に言う成仏――させることができると説いている。これに関連して注意されるべきなのは、明治時代から大正時代にかけて、三昧発得《さんまいほっとく》の人として尊敬されていた、浄土宗の山下現有《やましたげんゆう》（一八三二―一九三四）や、聖者として崇拝されていた、浄土宗の山崎弁栄《やまざきべんねい》（一八五九―一九二〇）がそれぞれ餓鬼を天趣へ転生させていたと伝えられていることである。

たとえば、岸覚勇（一九〇五―一九八四）「念仏の追善による功徳とその実例」に次のようにある。

現有上人は知恩院七十九世の門主にして、百三歳まで長寿された徳行一世に高く、世に生き仏と尊崇された高僧であったが、知恩院墓地の処々に立止りて十念を授けらるるので、侍僧がその故を尋ねると、上人は亡霊が現われたので、十念を授けたら喜んで消えて行ったと語られた。

（岸覚勇［1967: 68］）

さらに、明治三十七年（一九〇四）、弁栄が千葉県の小林村（現在の印西市小林）に巡錫した時のこととして、田中木叉（一八八四―一九七四）『日本の光　弁栄上人伝』に次のようにある。

布鎌の隣村小林に一婦人ありて、川べりに洗ひもの中過《ちゅうあやま》り落ちて溺死したところ、雨の夜など青い火玉《ひだま》が出るといつて村民恐《おそれ》をなし、上人に請《こ》ふて川施餓鬼《かはせがき》を修した。上人法要央《なか》ばに、空中を指し「今亡霊《まうれい》が得脱《とくだつ》した」と言はれた。それから諄朴《じゅんぼく》な村民火の玉を見るものなし。

（田中木叉［1936: 276］）

出家者／在家者が亡者に呪文を唱えて亡者を悪趣から善趣へ転生させることは、現実においては、誰もができることであるとは限らない。むしろ、現実において、そのようなことができたと伝えられているのは絶大な悟り体験者である聖者であることが多いのである。

表4－1　慰霊の背景

	背景
在家者が亡者に布施を供えること	インドにおける土着習俗
在家者が出家者に布施を与えて亡者を餓鬼趣から善趣へ転生させること	インドにおける聖者崇拝
在家者が出家者に布施を与えて亡者を悪趣から善趣へ転生させること	インドにおける聖者崇拝
出家者／在家者が布施に呪文を唱えて亡者を餓鬼趣から善趣へ転生させること	インドにおける土着習俗
出家者／在家者が亡者に呪文を唱えて亡者を悪趣から善趣へ転生させること	インドにおける土着習俗

慰霊の背景としての聖者崇拝と土着習俗

本章においては、仏教において慰霊が考え出されるようになった背景について確認してきた。まとめれば、上の表4－1のとおりである。

インドにおいては、出家者のみならず在家者も呪文を唱えることが考えられている。ただし、日本においては、在家者が出家者に布施を与えて呪文を唱えさせることが多い。

日本において、在家者が出家者に布施を与えて呪文を唱えさせることが考えられるようになったのは、在家者が呪文を唱えても効果はなく、聖者である出家者が呪文を唱えてこそ効果があると考えられていたからである。日本において、在家者が出家者に布施を与えて呪文を唱えさせることは、本来、聖者崇拝を背景として始まったのである。

第五章
追善の始まり

追善《ついぜん》とは、善を追加してやることである。ここでの善とは、欲界において積まれる善業であって、福徳とも呼ばれる。いまだどこへも転生していない亡者を善趣へ転生させるために、周囲の在家者が亡者の死後四十九日のあいだ出家者に布施を与え、その福徳を亡者に追加してやること、それが追善である。追善は追薦／追福などとも呼ばれる。

第一章において確認したように、仏教においては、有情《うじょう》（生物）は死後にかならず転生あるいは般《はつ》涅槃すると考えられている。転生先としては、地獄趣、畜生趣、餓鬼趣、人趣、天趣という五趣が考えられており、そのうち、地獄趣、畜生趣、餓鬼趣が悪趣と呼ばれ、人趣、天趣が善趣と呼ばれている。仏教においては、もともと、追善は考えられていなかった。ただし、のちには、さまざまな背景にもとづいて、仏教においても追善が考え出されるようになった。

本章においては、その背景について確認していきたい。確認にあたっては、厳密を期して、次の二つを区別する。

一　在家者が出家者に布施を与えて追善を行なうこと

二　在家者が出家者に布施を与えて追善に類することを行なうこと

一　在家者が出家者に布施を与えて追善を行なうこと

ブッダですら行なえなかった追善――インド

まず、在家者が出家者に布施を与えて追善を行なうことはインドにおいて考え出されたのではない。

第四章においては、慰霊について確認した。慰霊と比較することによって、追善はわかりやすくなる。表示するならば、次の表5－1のとおりである。

表5－1　慰霊と追善

慰霊	追善
周囲の在家者が出家者に布施を与え、すでに悪趣へ転生している亡者を善趣へ転生させる。	周囲の在家者が死後四十九日のあいだ、出家者に布施を与え、いまだどこへも転生していない亡者を善趣へ転生させる。

インドにおいては、在家者は慰霊を行なっていたが、追善を行なっていなかったのである。

そもそも、インドにおいては、いまだどこへも転生していない亡者を儀式によって善趣へ転生させることはブッダですらできないと考えられていた。先学によっても採り上げられている有名な逸話であるが（中村元［1995: 652–654］）、上座部の『サンユッタ・ニカーヤ』に次のようにある。

じつに、一辺に坐った村長アシバンダカプッタは世尊に次のように申し上げた。
「御前《ごぜん》さま、西の地に住む、長い水瓶を持つ者、水草で編んだ輪を持つ者、水に浸る者、火に仕える者である婆羅門たち、彼らは、死んだ者、末期《まつご》を迎えた者を上昇させるといいますし、正知させるといいますし、天界へ進入させるといいます。ところで、御前さま、世尊・阿羅漢・正等覚者《しょうとうがくしゃ》は、「あらゆる世間の者が、身が壊れてから、死後に善趣である天界世間に生まれますように」というように、そのようになすことができるでしょうか。」
「そういうことなら、村長よ、他ならぬあなたにここで質問し返そう。あなたにとってよろしいように、そのようにそれに解答なさい。

村長よ、このことをどう思うか。ここに、①生命を害する者、②与えられないものを取る者、③性行為を邪まに行なう者、④偽りのことばある者、⑤中傷のことばある者、⑥粗暴なことばある者、⑦軽薄なことばある者、⑧貪欲ある者、⑨瞋恚ある者、⑩邪見ある者である男がいるとしよう。それで、彼に対し、大群衆が集まって、つどって、請うとしよう、称えるとしよう、合掌しつつ歩き回るとしよう。「この男が、身が壊れてから、死後に善趣である天界世間に生まれますように」と。村長よ、このことをどう思うか。いったい、その男は大群衆の請いをきっかけとして、あるいは称えをきっかけとして、あるいは合掌しつつ歩き回ることをきっかけとして、身が壊れてから、死後に善趣である天界世間に生まれるようになるだろうか。」

「いいえ、御前さま、それはきっとありません。」

「村長よ、たとえばまた、大きな幅広《はばびろ》の石を深い水池《みずいけ》に抛りこむとしよう。それで、それに対し、大群衆が集まって、つどって、請うとしよう、称えるとしよう、合掌しつつ歩き回るとしよう。「おお、幅広の石よ、浮かび出よ。幅広の石よ、浮かび上がれ。幅広の石よ、地上へ飛び上がれ」と。村長よ、このことをどう思うか。いったい、その幅広の石は大群衆の請いをきっかけとして、あるいは称えをきっかけとして、あるいは合掌しつつ歩き回ることをきっかけとして、浮かび出るだろうか、浮かび上がるだろうか、地上へ飛び上がるだろうか。」

「いいえ、御前さま、それはきっとありません。」

「じつに、村長よ、まさにそのように、かの、①生命を害する者、②与えられないものを取る者、③性行為を邪まに行なう者、④偽りのことばある者、⑤中傷のことばある者、⑥粗暴なことばある者、⑦軽薄なことばある者、⑧貪欲ある者、⑨瞋恚ある者、⑩邪見ある者である男なるもの、彼に対し、大群衆が集まって、つどって、請うとしよう、称えるとしよう、合掌しつつ歩き回るとしよう。「この男が、身が壊れてから、死後に善趣である天界世間に生まれますように」と。じつに、その場合、その男は、身が壊れてから、死後に悪趣である

地獄、深坑、奈落に生まれるであろう。」（SN vol. IV, 312-313）

ここでは上座部の『サンユッタ・ニカーヤ』を挙げたが、説一切有部の『中阿含経』（巻三。T1, 440b）もほぼ同じである。

この経においては、村長はブッダが「あらゆる世間の者が、身が壊れてから、死後に善趣である天界世間に生まれますように」というようになすことができるかと質問し、ブッダは大群衆が集まって願ったとしても無理だと回答している。すなわち、いまだどこへも転生していない亡者を儀式によって善趣へ転生させることはブッダですらできないと考えられているのである。

部派／学派も考えていなかった追善

ところで、転生が死の直後であるか否かについては、部派／学派ごとに考えかたが異なっている。

大半の部派／学派においては、転生は死の直後であると考えられているが、一部の部派／学派においては、転生は死の直後でないと考えられている。転生は死の直後でないと考える部派／学派においては、死と転生との中間に、短期間の生存があると認められている。これを中有《ちゅうう》（〔死と生との〕中間の生存）と呼ぶ。中有を認める部派／学派、認めない部派／学派をまとめれば、次頁の表5－2のとおりである。

ちなみに、インドの大叙事詩『マハーバーラタ』（三・一八一・二四。上村勝彦〔訳〕〔2002:

表5－2　中有を認める部派／学派と認めない部派／学派

中有を認める部派／学派（括弧内は典拠）	中有を認めない部派／学派（括弧内は典拠）
説一切有部（『阿毘達磨大毘婆沙論』ほか） 東山部（『カターヴァットゥ』八・二に対する伝ブッダゴーサの註釈） 正量部（『カターヴァットゥ』八・二に対する伝ブッダゴーサの註釈） 唯識派（『瑜伽師地論』ほか）	上座部（『カターヴァットゥ』八・二） 大衆部（『異部宗輪論《いぶしゅうりんろん》』） 一説部（『異部宗輪論』） 説出世部（『異部宗輪論』） 鶏胤部（『異部宗輪論』） 化地部（『異部宗輪論』） 法蔵部（『舎利弗阿毘曇論《しゃりほつあびどんろん》』） 経量部（『成実論《じょうじつろん》』）

28]）においては「中有は存在しない」と明言されており、インドにおいては中有を認めないことが一般的であるようである。

中有を認めない部派／学派においては、亡者は死の直後にどこかへ転生すると考えられているから、中有の期間に追善を行なうことは考えられていない。

中有を認める部派／学派のうち、説一切有部と唯識派とにおいては、中有は四有《しう》のひとつである。有情《うじょう》（生物）は、母胎などにおける生《しょう》（受生）の瞬間には①生《しょう》有《う》であり、生の直後から死の直前までは②本有《ほんう》であり、死の瞬間には③死有《しう》であり、死の直後から次の生の直前までは④中有であると考えられている。まとめれば、次の図5－1のとおりである。

図5－1　四有

【今生《こんじよう》】
生有（母胎などにおける生の瞬間の生存）
←本有（生の直後から死の直前までの生存）
←死有（死の瞬間の生存）
←中有（死と生との中間の生存）
←生有（母胎などにおける生の瞬間の生存）
【来生《らいしよう》】

さて、中有の期間については諸説があるが、そのうちに、四十九日であるという説がある。たとえば、説一切有部の『阿毘達磨大毘婆沙論』に次のようにある。

尊者シャルマダッタは言っている。「中有は最長で七七日間（四十九日間）存続する。四十九日のうちにかならず結生《けっしょう》（転生）するからである。」

尊者ヴァスミトラは次のように言っている。「中有は最長で七日間存続する。彼の身は弱くて、長くは存続しないからである。」

質問。もし七日のうちに受生のための縁（条件）が揃った場合、彼（中有）は結生できる。もしそれだけの時のうちに受生のための縁が揃わなかった場合、彼はどうして断ちきられてしまったりしようか。

回答。彼は断ちきられてしまわない。というのも、かの中有は、受生のための縁がいまだ揃わないうちは、幾度も没して幾度も生じ、断ちきられてしまわないからである。

大徳は言っている。「これに定まりはない。というのも、彼の受生のための縁がすみやかに揃った場合、この中有はわずかなあいだ存続するし、もし彼の受生のための縁が長いあいだ揃わないならば、この中有は長いあいだ存続する。しまいには縁が揃ったのちようやく結生しうる。ゆえに、中有の存続に定まりはない。」（巻七十。T27, 361b）

さらに、唯識派の『瑜伽師地論』に次のようにある。

さらに、この中有は、受生のための縁を得ることがない場合、七日間存続する。さらに、縁を得ることがある場合は、定まっていない。さらに、得ることがない場合、〔一回〕没してのち、さらに七日間存続する。受生のための縁を得ることがない者は、しまいには、七日の七倍（四十九日間）存続する。その後は、かならず受生のための縁を得る。（YBh 20, 4-6）

追善の期間である四十九日とは、この、中有の期間である四十九日に他ならない。すなわち、追善は中有を認める部派／学派の考えかたにもとづいている。
ところが、じつは、中有を認める部派／学派においては、追善は考えられていないのである。まず、説一切有部においては、中有が転生先である界《かい》、趣《しゅ》、処《しょ》を回避することは絶対に認められていない。界とは、三界のいずれかであり、趣とは、五趣のいずれかであり、処とは、特定の場所のいずれかである。たとえば、『阿毘達磨大毘婆沙論』に次のようにある。

阿毘達磨諸論師は言っている。「中有は界、趣、処をいずれも回避することができない。中有をもたらす業はきわめて鋭いからである。」
（巻七十。T27, 359b）

したがって、中有が追善によって転生先を回避することは考えられていない。
ちなみに、説一切有部においても、譬喩者という異端的な人々は中有が転生先を回避することを認めていた。『阿毘達磨大毘婆沙論』に次のようにある。

譬喩者は説いている。「中有は回避することができる。あらゆる業はいずれも回避されうるからである。」
（巻七十。T27, 359b）

ただし、譬喩者においては、あくまで中有がみずからの中有の業によって転生先を回避することが考えられているのであって、中有が周囲の在家者からの追善によって転生先を回避することは考えられていない。

さらに、唯識派においては、中有がみずからの生前の業によって転生先を回避することだけが認められている。たとえば、『瑜伽師地論』に次のようにある。

さらに、かの、七日で〔一回〕没した者には、ある時には他ならぬそこへと現起《げんき》（中有）が起こるし、ある時には、ほかの、同類ならざるものへと現起（中有）が起こる。もし別の業《ごう》の作用が〔中有に〕転回するならば、かの、中有の種子《しゅうじ》（潜在的状態）を転回させてしまうのである。（YBh 20, 6-8）

ここでは、もし「別の業」が中有に転回するならば、中有は転生先を回避することができると説かれている。『瑜伽師地論』に対するインドの註釈『瑜伽師地論釈』（D no. 4043, 'I 90b5; P no. 5544, Yi 110a8）においては、「別の業」は「かつてなされた別の業」と註釈されている。要するに、ここでは、中有がみずからの生前の業によって転生先を回避することだけが認められているのである。中有が周囲の在家者からの追善によって転生先を回避することは考えられていない。

行なわれるようになった追善――中国

じつは、在家者が出家者に布施を与えて追善を行なうことは中国において考え出されたのである。

南北朝の北朝において出現した偽経『梵網経《ぼんもうきょう》』（五世紀）に次のようにある。

もし父母兄弟が亡くなる日ならば、法師を請じて菩薩戒経（『梵網経』）を講説してもらい、福徳によって亡者を助け、諸仏にまみえさせ、人界や天上へ転生させる。（巻下。T24, 1006b）

疾病、国難、賊難、父母兄弟と和上《わじょう》（直接の師）と阿闍梨《あじゃり》（師）との亡くなる日、三七日（二十一日）、ないし七七日（四十九日）において、やはり大乗経律（『梵網経』）を読誦し、講説し、斎会によって福徳を求め、往来によって生計を立てるべきである。（巻下。T24, 1008b）

ここでは、父母兄弟、和上、阿闍梨が亡くなる日から三七日、七七日のあいだ、在家者が出家者を招いて『梵網経』を読誦、講説させ、斎会を設け、その福徳によって亡者を人趣あるいは天趣へ転生させるべきことが説かれている。斎会とは、出家者に食事を与える会である。

これにもとづいて、南北朝においては、在家者が出家者に布施を与えて追善を行なうことが考えられるようになった。

慧皎《えこう》『高僧伝』（巻十三、曇宗伝。T50, 416a）においては、南朝の宋において、大明六年（四六二）、孝武帝の妃である殷涉儀が亡くなった時、孝武帝が三七日のあいだ斎会を設けたことが伝えられている。

『魏書』（巻八十三下、列伝第七十一下）、『北史』（巻八十、列伝第六十八）においては、北朝の北魏において、神亀元年（五一八）、孝明帝の外戚である胡国珍が亡くなった時、孝明帝が七七日のあいだ千人の僧のために斎会を設け、七人を出家させ、百日のあいだ一万人のために斎会を設け、十四人を出家させたことが伝えられている。

このほか、史書においては、北魏、北斉において、同様のことがいくつかあったことが確認される。清の考証学者、趙翼《ちょうよく》（一七二七―一八一四）は『陔餘叢考《がいよそうこう》』（巻三十二。趙翼［1979: 688-689］）において「七七」が北魏、北斉から起こったことを結論している。

注意すべきなのは、追善が『梵網経』以降の偽経においても継承されていったことである。たとえば、北朝において出現した偽経『灌頂《かんじょう》随願往生《ずいがんおうじょう》十方浄土経《じっぽうじょうどきょう》』（五世紀）に次のようにある。

> 普広《ふこう》よ、この者（亡者）は〔周囲の者たちが〕福徳を修めるうち七分の一を得る。どうしてそうなのかといえば、その者が前世において道徳を信じなかったことによって、〔その者は〕福徳のうち七分の一を得るのである。（巻十一。T21, 530a）

さらに、唐において出現した偽経『地蔵菩薩本願経《じぞうぼさつほんがんきょう》』（八世紀ごろ）に次のようにある。

> もし男あるいは女が生前に善因を修めず罪悪を多く造り、死後に周囲の者たちが福徳を多かれ少なかれ造ってやるならば、〔亡者は〕あらゆる聖事（仏事）〔による福徳〕のうち七分

の一を得る。六分の福徳は生者〔周囲の者〕の自利である。それゆえに、未来と現在とにおける善男善女は健やかなうちにみずから〔善因を〕修めることによって〔六分のうち〕一分ごとを〔生前に〕すでに得る。

無常〔死去〕という大鬼は期せずして到る。冥冥のうちに漂う〔亡者の〕精神は罪悪と福徳とを知らない。七七日のあいだ〔亡者は〕あたかも痴者のよう、あたかも聾者のようなのである。〔亡者は〕あるいは〔冥界の〕諸法廷において業《ごう》のむくいを弁論され、判定ののちに業にもとづいて転生する。〔判定を〕いまだ推し測れないうちは千万の愁苦がある。ましてや、〔地獄、畜生、餓鬼という〕もろもろの悪趣に堕ちる場合については言うまでもない。その亡者は、いまだ転生しないうちは七七日のあいだ一瞬ごとに、骨肉《こつにく》を分けた周囲の者たちが福徳の力を造って救ってくれることを期待している。それらの日を過ぎてのち、業にしたがって〔業の〕むくいを受ける。

(T13, 784b)

これら両経においては、在家者はいまだ転生していない亡者のために四十九日のあいだ出家者に布施を与え、亡者はその福徳のうち七分の一によって善趣へ転生すると考えられている。

偽経がもたらした聖者崇拝

さて、在家者が出家者に布施を与えて追善を行なうことは聖者崇拝を背景として考え出された。ここでの聖者とは、偽経『梵網経』の菩薩戒をたもつことによって、聖者となったと信じられている出家者である。

同経（T24, 1009a）においては、同経の菩薩戒は「聖戒」と呼ばれている。さらに、同経（T24, 1004a）においては、同経の菩薩戒を受けた有情について、「有情は仏の戒を受け、ただちに諸仏の位《くらい》に入《い》る。大覚者位《だいかくしゃい》に同じてのち、真に諸仏の息子となる」と説かれている。

第一章において確認したように、インドにおいては、在家者は、聖者である出家者に布施を与えた場合、その福徳によって大きな果／報酬を得、それを受けて死後に善趣へ転生すると考えられている。中国においては、在家者は、いまだどこへも転生していない亡者のために聖者である出家者に布施を与えた場合、その福徳を亡者に追加して大きな果／報酬を得させ、亡者はそれを受けて四十九日のうちに善趣へ転生すると考えられているのである。

年忌を付された追善

南唐においては、追善は累七《るいしち》（七を累《かさ》ねること）という名のもとに行なわれていた。累七という名は、現存文献上、保大年間（九四三―九五七）に編纂された応之《おうし》『五杉練若新学備用《ごさんれんにゃしんがくびよう》』（巻下、為先考累七道場設斎疏）に現われるのが最古の例である。

北宋においては、追善は累七斎《るいしちさい》という名のもとに行なわれていた。天禧三年（一〇一九）に成立した道誠《どうじょう》『釈氏要覧《しゃくしようらん》』に次のようにある（文中の〈 〉内は原文の割注）。

累七斎　人が亡くなると、七日ごとにかならず斎を営んで追薦《ついせん》（追善）する。これを累七と言い、また、斎七と言う。『瑜伽師地論』において言われている。「人が死ぬと、中有の身〈冥なるままに忽然としてひとつのかたちを起こし、身に似たすがたで識（認識）を伝承する。これを中有と言う〉は、いまだ受生のための縁を得ることがない場合、七日間存続する。〈『中陰経』において「中有は寿命が七日である」と言われている。〉縁を得ることがある場合、定まっていない。得ることがない場合、かならず〔一回〕没してふたたび生ずる。そのように生と没とを繰り返して、しまいには、七日の七倍（四十九日）存続する。その後は、かならず受生のための縁を得る。

さらに、ここでは、ある者は七日で〔一回〕没してのち、あるいはそこにおいて、ほかの業によって中有の種子《しゅうじ》（潜在的状態）を転回させてしまうのである。ただちに同類ならざるものへと受生する。」

今、『経』の趣旨を尋ねるに、極善の者、極悪の者には中有がない。中有の身を受けている以上、善悪の業が中くらいか下まわっている者なのである。ゆえに、『〔瑜伽師地〕論』において「ほかの業によって〔中有の種子を〕転回させてしまうのである」と言われている。たとえば世間における七日ごとの斎の福徳は、中有の身が没しては生ずる際に、〔中有に〕善を追加し、中有の種子を悪趣へと転生させなくするからである。それゆえに、この日の福徳は怠ってはならないものである。

（巻下。T54, 305bc）

注目すべきなのは、『瑜伽師地論』に対する道誠の理解である。先に確認したように、『瑜伽師地論』においては、あくまで、中有がみずからの生前の業によって転生先を回避することができると考えられているのであるが、道誠は中有が周囲の在家者からの死後の追善によって転生先を回避することができると理解している。これは誤解である。道誠は偽経のうちに説かれている追善を『瑜伽師地論』のうちに読み込んでしまったのである。

南宋においては、追善は七七斎《しちしちさい》という名のもとに行なわれていた。咸淳五年（一二六九）に成立した志磐《しばん》『仏祖統紀《ぶっそとうき》』に次のようにある（文中の〈 〉内は原文の割注）。

七七斎　「人が死ぬと、中有の身は、いまだ受生のための縁を得ることがない場合、七日間存続する。没してふたたび生ずる。そのように生と没とを繰り返して、しまいには、七日の七倍（四十九日）でかならず受生を得る。受生のための縁を得ることがある場合、定まっていない。

今、『経』の趣旨を尋ねるに、極善の者、極悪の者には中有がない。〈『瑜伽師地論』。○中有はまた中陰と呼ばれる。極善の者はただちに浄土へ転生する。その次の者は人あるいは天へ転生する。極悪の者はただちに地獄に入るか、あるいは〔地獄趣、畜生趣、餓鬼趣という〕三悪趣へ転生する。即日に死亡したまま中陰を経ない。〉

今の人が亡くなると、七日ごとにかならず斎を営んで追福（追善）する。これを斎七と言うのは、中有の種子を悪趣へ転生させなくするのである。」〈『釈氏要覧』〉

以下、〔志磐の〕述懐。孔子は「子が生まれて三年、しかるのちに父母のふところを免れる」と言っている（『論語』陽貨）。ゆえに、三年の喪によって〔父母の恩に〕報いるのである。仏の経においては「人が死んで七七日、しかるのちに中陰の状態を免れる」と言われている。ゆえに、斎七の法を備えるのである。今の人に至って、百日、小祥、大祥に仏事を行なっているのは、たとえ儒教の喪制の文章によっているにせよ、仏教の供養の福徳を修することができる。信じなくてよかったりしようか。（巻三十三。T49, 320c）

注目されるべきなのは、南宋においては四十九日のみならず「百日、小祥、大祥」に仏事が行なわれていたことである。

儒教の喪制によるに、士（士大夫）の葬送は死後三箇月（九十日）を経て行なわれ、そののち、卒哭《そつこく》（哭《な》くことを卒《お》えること）が行なわれる。「百日」とは、この卒哭から来ている（道端良秀［1976: 140–144］）。すでに、『北斉書』（巻四十四、列伝第三十六）、『北史』（巻八十一、列伝第六十九）においては、北斉において、武平五年（五七四）、武成帝の長男であった高綽《こうしやく》（五五六―五七四）が誅殺された時、儒者であった孫霊暉《そんれいき》が七日ごとに百日が終わるまで僧を請じて斎会を設け、転経し行道したことが伝えられている。転経とは、『梵網経』を読誦したに違いない。

「小祥」とは、一年の喪の終わり、「大祥」とは、三年の喪の終わりである。

こんにち、日本において行なわれている、百日、一年忌、三年忌の仏事はこれら「百日、小祥、大祥」の仏事から来ているに他ならない。

ともあれ、四十九日の斎会は長く残った。中川忠英『清俗紀聞』（孫伯醇・村松一弥〔編〕

［1966b: 159-160］）においては、清の江南地方における四十九日の斎会の方法が詳しく記されている。

なお、チベットにおいても四十九日の斎会と一周忌とが行なわれている（高松宏寶［2019: 122-123］）。これは中国からの影響によってと考えてよいと思われる。

年忌を増やされた追善——日本

日本においても、中国からの影響によって、在家者が出家者に布施を与えて追善を行なうことが考えられるようになった。

『続日本紀《しょくにほんぎ》』大宝三年（七〇三）二月癸卯条においては、飛鳥時代において、持統天皇（当時、上皇。六四五—七〇三。在位六九〇—六九七）の七七日にあたって斎会が行なわれたことが伝えられている。

さらに、天平勝宝八年（七五六）五月辛酉（八日）条から六月癸卯（二十一日）条までにおいては、奈良時代において、聖武天皇（当時、上皇。七〇一—七五六。在位七二四—七四九）の初七日から七七日（四十九日）にかけて七日ごとに斎会が行なわれたことが伝えられ、天平宝字元年（七五七）五月己酉（二日）条においては、同天皇の一周忌にあたって斎会が行なわれたことが伝えられている。

鎌倉時代においては、年忌がさらに増やされ、①初七日、②二七日、③三七日、④四七日、⑤五七日、⑥六七日、⑦七七日、⑧百日、⑨一年忌、⑩三年忌、⑪七年忌、⑫十三年忌、⑬三十三年忌という十三仏事となった。

従来、十三仏事のうち、①初七日から⑦七七日まではインド起源と考えられてきたが（圭室諦成［1963: 171］）、そのことは正確でない。実のところ、⑪七年忌から⑬三十三年忌までは日本起源であるが、これらは偽経あるいは儒教の喪制にもとづくわけではなく、「信者の宗教心理をたくみに利用して、寺院がわが、追善の回数をふやしたまでのことである」（圭室諦成［1963: 173］）と考えられている。

なお、①初七日から⑦七七日までは追善であるが、⑧百日から⑬三十三年忌までは実質的に慰霊であると言ってよい。

室町時代においては、十三仏事と異なって、十三年のあいだ、毎年、年忌ごとに斎会が行なわれたことも伝えられている。応永二十七年（一四二〇）に来日した朝鮮の宗希璟（一三七六―一四四六）の旅行記『老松堂日本行録』に次のようにある。

日本人は父母が没したなら七七日のあいだ斎を設け、のちに、毎年、忌日に遇うたびに斎を設け、十三年に至って已《や》める。（村井章介〔校注〕［1987: 214］）

ともあれ、このような年忌ごとの斎会は長く残った。年忌が増やされたことは他国においては見られない日本における特徴である。

二　在家者が出家者に布施を与えて追善に類することを行なうこと

追善に類すること――南方

上座部の勢力圏である南方においては、在家者が出家者に布施を与えて追善を行なうことは考えられていない。ただし、在家者が出家者に布施を与えて追善に類することを行なうことは考えられている。

先に確認したように、追善を行なうことは、中有を認める部派／学派の考えかたにもとづいて、中国において考え出された。中有を認めない部派である上座部においては、亡者は死の直後にどこかへ転生すると考えられている。したがって、上座部においては、死から転生までの四十九日のあいだ追善を行なうことによって亡者を善趣へ転生させることは、本来、不可能であるはずである。

ただし、南方においては、仏教が伝わる前から、在家者は亡者の霊が死後に附近にいることを信じてきた。したがって、南方においても、在家者は出家者に布施を与え、亡者の霊に追善に類することを行なうことを考えているし、出家者は、たとえ上座部の考えかたに反するにせよ、布施を貰うためにそれに協力しているのである。

ミャンマーにおいては、アラカン地方の在家者は、埋葬の日に、①家において亡者の蝶（霊）の隔離の儀式の前に出家者の鉢を食物で満たし、②埋葬地において亡者の蝶への呼びかけの前に出家者に布施（衣や金）を与え、死亡日から七日目に、③寺院において出家者に食物を与える。このように、在家者は出家者に少なくとも三回は布施を与え、福徳を得るし、その福徳を亡者と共有する。その福徳によって亡者を善趣へ送り出すのである。フランスの人類学者、アレクサンドラ・ド・メルサンによる現地調査に次のようにある。

僧侶の参加は亡者の業《ごう》の向上にとってやはり役立つものとなるようである。葬式においては二つの面が結果的にかつ相互依存的に現われる。蝶に対する取り扱いと、業に対する働きかけとである。少なくとも三つの状況――家において〝蝶の隔離〟の儀式の前に〝鉢を満たすこと〟、埋葬地において〝蝶への呼びかけ〟の前に、そして次に死の一週間後に僧侶に食を与えること――において、僧侶への布施は、もろもろの福徳を得ることと、それらを亡者と共有することとを意味している。

（**Alexandra de Mersan**［2012: 156］）

タイにおいても、バンコクの在家者は、古くは火葬から七日目に、新しくは死亡日から七日目に、タムブン――福徳を積むこと――を行なう。その福徳によって亡者の霊を善趣へ送り出すのである。プラヤー・アヌマーンラーチャトン『タイ民衆生活誌』に次のようにある（文中の「ピィー」とは、亡者の霊を指す）。

ここバンコクの習慣によれば、死亡の日より数えて七日目に、遺体を前にして供養〔タムブン〕が営まれる。これを称して、「七日供養」と言う。この「七日供養」に関しては、今更、述べるまでもあるまい。すでにして、人々の良く知るところとなっている。だが、実際のところ、死亡日より数えて「七日供養」を営むのは、近年に至って、新しく生じた慣習に過ぎない。そもそもは、中国やヴェトナムあたりで行なわれていたものなのである。ここタイ国では、ラーマ五世の御世からと言うことになる。例えば、スナンター・クマーリーラット王妃の御大葬の折りなどに、これが観られよう。

ここで、はっきりとさせておかねばなるまい。我々タイ人は、本来、遺体を荼毘に附したその日から数えて七日目に供養を営んでいた。これを、「七日供養」と称していたのである。それと言うのも、往時、我々は、遺体を家の中に三日以上も置いておくということが、まずなかったのである。

〔プラヤー・アヌマーンラーチャトン、森幹男〔編訳〕［1984: 306］〕

さて、人が死して、その心魄が滅するや、体内を抜け出した死霊は、爪先を上に向けて踵走りをすると言う〔はたして、どのような恰好になるのか、よく分からない。が、おそらくは、踵を先に出して走り出すということなのであろう。踵が先ということであれば、後ろ向きになって走るということになる。もしも、後ろ向きで走らなければ、おかしなことになってしまう。話の辻褄が合わないのだ〕。ここに至って、物事が、どうもあべこべであるらしいことに気づく。即ち、生者の場合と、すべてが正反対であると思えば、容易に納得がいくのである。これはインドの事例とも比較できよう。インドでは、妊婦が死ぬと、まずは踵で歩き出すとされている（**Crooke: Things Indian, p. 131**）。

さて、こうして走り出した死霊は、自分でそれと気づかないまま、無我夢中で、ただ、走りに走る。そして、三日目に至ると、プレェーク草にけつまずいてばったりと倒れ込む。その柏子《拍カ》に、死霊は、はっと我に返る。そして初めて、自分が死んでしまったことに気づくのである。このときを、人々は大いに惧れる。死霊が、家へと舞い戻って来るからである。家に入り込んだ死霊は、そこに、見覚えのある自分の持ち物を見出すと、嬉しさの余り、クックヽキックヽという甲高い声を立てる。人は、その声を耳にするや、恐ろしさに身を震わせるのである。

或いはまた、こうも言えよう。死んで荼毗に附され、ピィーの国へと赴いた者は、すでにして、人間界に於ける親戚兄弟のことは、きれいに忘れてしまっている。けれども、三日・七日の時が過ぎると、ここで初めて、自分が死んでピィーとなったことに思い至る。そして、再び舞い戻って、親戚兄弟の許を訪れようと考える。そのようなことがあって、人々は、遺体を荼毗に附したその日から数えて三日目・七日目に、供養（タムブン）を営み、死者の霊を慰めて、心安らかに天国へ赴けるようにするのである。

もしも「三日供養」を行なうのであれば、そのときは、「七日供養」を営むには及ばない。しかし、一般には、まず「七日供養」である。そのほうが、ずっと多い。と言うのも、三日のうち、と限ってしまうと、死んでまだ間もないことでもあり、いかにも気ぜわしい。それに、何かと準備も要ることである。遺体を寺院へと搬んで行き、預かって貰う場合には、「七日供養」もまた、寺院に於いて営まれることが多い。

七日という日を待たずに、遺体を荼毘に附してしまう。そういうことも有ろう。その時は、火葬に処したその日から数えて七日目に、「七日供養」を営むことになる（一方、「五十日供養」、「百日供養」といったものは、特に設けられてはいない）。火葬より数えてのこの「七日供養」も、最近では、死亡日より数えて七日目に行われる「七日供養」と混同されることが多い。が、死亡日から数えて供養を営むのは、本来、中国及びヴェトナムの慣行であることを、繰り返し述べておきたい。人々（中国人、ヴェトナム人）は、こう考えている。死してより七日ののち、死者の霊魂は死者の国へと至り、そこで、生前の所業について厳しい取調べを受けることになる。そのため、七日というその日を期して、供養（「七日供養」）を営み、死者の罪障のいささかなりとも軽減されることを願うのである。

（プラヤー・アヌマーンラーチャトン、森幹男〔編訳〕［1984: 307–308］）

ここで、中国人やヴェトナム人が「死してより七日ののち、死者の霊魂は死者の国へと至り、そこで、生前の所業について厳しい取調べを受けることになる」と考えていると説かれているのは、たとえば、先に確認した唐の偽経『地蔵菩薩本願経』に次のようにあったのを指している。

〔亡者は〕あるいは〔冥界の〕諸法廷において業《ごう》のむくいを弁論され、判定ののちに業にもとづいて転生する。

南方において、在家者が出家者に布施を与えて追善に類することを行なうことは、中国において、在家者が出家者に布施を与えて追善を行なうことから、何らかの影響を受けているのかもしれない。中国においては、追善を説く偽経が作り出され、それを典拠として追善が行なわれるようになったが、南方においては、そのような典拠がないまま追善に類することが行なわれるようになった。ただし、行なわれていることは中国においても南方においても事実上同じである。

展開された聖者崇拝

さて、在家者が出家者に布施を与えて追善に類することを行なうことは聖者崇拝を背景として考え出された。第一章において確認したように、インドにおいては、在家者は、聖者である出家者に布施を与えた場合、その福徳によって大きな果／報酬を得、それを受けて死後に善趣へ転生すると考えられている。それと同様に、南方においては、在家者は、いまだどこへも転生していない亡者のために聖者である出家者に布施を与えた場合、その福徳を亡者に追加して大きな果／報酬を得させ、亡者はそれを受けてただちに善趣へ転生すると考えられているのである。

追善の背景としての聖者崇拝

本章においては、仏教において追善が考え出されるようになった背景について確認してきた。まとめれば、次の表５－３のとおりである。

表５－３　追善の背景

	背景
在家者が出家者に布施を与えて追善を行なうこと	中国における聖者崇拝
在家者が出家者に布施を与えて追善に類することを行なうこと	南方における聖者崇拝

在家者が出家者に布施を与えて追善を行なうことが考え出されるようになったのは、在家者が、いまだどこへも転生していない亡者のために、『梵網経』の菩薩戒をたもつ聖者である出家者に布施を与えた場合、その福徳を亡者に追加して大きな果／報酬を得させ、亡者はそれを受けて善趣へ転生すると考えられていたからである。在家者が出家者に布施を与えて追善を行なうことは、本来、聖者崇拝を背景として始まったのである。

第六章

起塔の始まり

起塔とは、塔（ストゥーパ）を起《た》てることである。塔は墓標である。日本における墓石は塔が独自の変化を遂げたものに他ならない。

第一章において確認したように、仏教においては、有情《うじょう》（生物）は死後にかならず転生あるいは般《はつ》涅槃すると考えられている。転生あるいは般涅槃した有情は決して墓地にいない。したがって、原理的に言えば、墓地に塔を起てることは決して必要でない。ただし、のちには、さまざまな背景にもとづいて、仏教においても墓地に塔を起てることが考え出されるようになった。

本章においては、その背景について確認していきたい。確認にあたっては、厳密を期して、次の三つを区別する。

一　出家者が出家者の塔を起てること
二　在家者が出家者の塔を起てること
三　在家者が在家者の塔を起てること

一　出家者が出家者の塔を起てること

起てられるようになった聖者と異生との塔——インド

まず、出家者が出家者の塔を起てることはインドにおいて考え出された。

上座部においては、ブッダは塔に値する者として次のような四者を挙げたと伝えられている。

①如来（阿羅漢）
②独覚（阿羅漢）
③声聞（預流、一来、不還、阿羅漢）
④転輪聖王《てんりんじょうおう》（帝王）

四者のうち、如来、独覚、声聞は聖者である。転輪聖王は異生である。たとえば、上座部の『ディーガ・ニカーヤ』大般涅槃経に次のようにある。

　アーナンダよ、これら四者が塔に値する者である。四者とは何かといえば——
　如来・阿羅漢・正等覚者《しょうとうかくしゃ》が塔に値する者である。
　独覚が塔に値する者である。

声聞が塔に値する者である。

転輪聖王が塔に値する者である。

アーナンダよ、いかなる理由によって如来・阿羅漢・正等覚者は塔に値する者なのかといえば、アーナンダよ、「これはかの世尊、阿羅漢・正等覚者の塔である」と多くの生類《しょうるい》が心を浄らかにするし、彼らはそれに対し心を浄らかにしてのち、からだが壊れてから、死後に善趣である天界世間に生まれる。アーナンダよ、じつにこの理由によって如来・阿羅漢・正等覚者は塔に値する者なのである。

アーナンダよ、いかなる理由によって独覚は塔に値する者なのかといえば、アーナンダよ、「これはかの世尊、独覚の塔である」と多くの生類が心を浄らかにするし、彼らはそれに対し心を浄らかにしてのち、からだが壊れてから、死後に善趣である天界世間に生まれる。アーナンダよ、じつにこの理由によって独覚は塔に値する者なのである。

アーナンダよ、いかなる理由によって如来の声聞は塔に値する者なのかといえば、アーナンダよ、「これはかの世尊、阿羅漢・正等覚者の声聞の塔である」と多くの生類が心を浄らかにするし、彼らはそれに対し心を浄らかにしてのち、からだが壊れてから、死後に善趣である天界世間に生まれる。アーナンダよ、じつにこの理由によって声聞は塔に値する者なのである。

アーナンダよ、いかなる理由によって転輪聖王は塔に値する者なのかといえば、アーナンダよ、「これはかの法にかなった法王の塔である」と多くの生類が心を浄らかにするし、彼らはそれに対し心を浄らかにしてのち、からだが壊れてから、死後に善趣である天界世間に生まれる。アーナンダよ、じつにこの理由によって転輪聖王は塔に値する者なのである。じつに、アーナンダよ、これら四者が塔に値する者である。

(DN vol. II, 142–143)

上座部においては、ブッダはこれら四者のうちどれかの塔を起てることを出家者に任せたとは伝えられていない。ただし、上座部の『クッダカ・ニカーヤ』所収の『ウダーナ』(Ud 8–9)においては、異教の出家者である、木の皮まといのバーヒヤなる者がブッダから法話を聴いて法を証得し、その日のうちに、幼い仔を連れた牝牛によって命を奪われた時、ブッダは彼を「梵行《ぼんぎょう》を共にする者」――仏教の出家者――と認め、比丘たちに彼の遺体を焼かせ、塔を起てさせ、彼が般涅槃したこと――阿羅漢として死んだこと――を宣言したと伝えられている。これによるに、ブッダは少なくとも阿羅漢である声聞の塔を起てることを出家者に任せたと考えてよさそうである。

ちなみに、ブッダは塔に値する者として四者のほかを挙げたとは伝えられていないから、上座部のブッダゴーサは、『ディーガ・ニカーヤ』に対する註釈(DA vol. II, 583–584)と『アングッタラ・ニカーヤ』に対する註釈(AA vol. III, 319)とにおいて、異生である出家者の塔を起てることを認めていない(Peter Masefield [1986: 22–23])。

法蔵部においても、ブッダは塔に値する者として四者を挙げたと伝えられているが、ブッダがこれら四者のうちどれかの塔を起てることを出家者に任せたとは伝えられていない。法蔵部の

『長阿含経』遊行経（巻三。T1, 20b）は前掲の上座部の『ディーガ・ニカーヤ』大般涅槃経とほぼ同じである。

化地部においても、ブッダは塔に値する者として四者を挙げたと伝えられているが、それとともに、ブッダは阿羅漢である声聞の塔と独覚の塔とを起てることを出家者に任せたと伝えられている。『五分律』に次のようにある。

そののち、比丘たちは、阿羅漢である声聞と独覚とのために塔を起てることを望んだ。ブッダはおっしゃった。「塔に値する者である四種類の人がいると認める。如来、聖者声聞、独覚、転輪聖王である。」　（巻二十六。T22, 173a）

大衆部においても、ブッダは塔に値する者として四者を挙げたと伝えられているが、それとともに、ブッダは声聞の塔と異生である出家者の塔とを起てることを出家者に任せたと伝えられている。『摩訶僧祇律』に次のようにある。

その時、比丘は多くの人々が行き交うところに声聞の塔を起てた。世尊を礼拝したくて来た居士（在家者）たちは、見て、不機嫌になって言った。「世尊の足《みあし》を礼拝したくて来たのに、いまだ世尊にお目にかからないうちに、先に死人の塚を見てしまった。」

比丘たちはこのことを世尊に告げた。ブッダは比丘たちにおっしゃった。「汝はどうして、多くの人々が行き交うところ、先に羯磨《こんま》〔作法〕されていない地に声聞の塔を起てたりしたのか。今日よりのちは、多くの人々が行き交うところ、羯磨されていない地に声聞の塔を起てることを認めない。まず、認めてもらうことを求める羯磨をなすべきである。羯磨者は次のように説くべきである。「大徳たちよ、サンガよ、認めたまえ。○○比丘が無常〔死去〕した／般涅槃した。もしサンガにとって適切な時であるならば、サンガよ、○○比丘が無常した、あるいは般涅槃したので、ここに声聞の塔を起てる。大徳たちよ、サンガよ、認めたまえ、××比丘がここに声聞の塔を起てることを。」

サンガが認めて黙っているなら、そのことはそのように確定される。〔サンガが〕もし和合〔全員賛成〕しないならば、語るべきである。「長老よ、世尊は「四者は塔を起てること、〔塔の上に〕相輪《そうりん》〔円盤状の笠〕を起てること、〔塔の上に〕幡蓋を懸けることにふさわしい。如来、声聞、独覚、転輪聖王がそれである」と説きたまうた。」

無常した比丘がもし預流であるならば「預流」と語るべきである。一来、不還、阿羅漢であるならば、「〔一来、不還、〕阿羅漢」と語るべきである。もし持律《じりつ》〔律蔵の専門家〕と言われ、もし法師《ほうし》〔経蔵の専門家〕と言われ、もし営事《えいじ》〔事務の専門家〕である徳望ある比丘と言われているならば、語るべきである。「長老よ、彼は持戒者であった、賢者であった、多くサンガを供養して執事に功労ある者であった。塔を起ててやるべきである。」

そのように語ってのち、塔を起ててやるべきである。

声聞の塔を造るにあたっては、先に塔を見、後に世尊を見るのは許されない。先に世尊を見せ、後に塔を見せるべきである。多くの人々が行き交うところにあるのは許されない。奥まったところにあるべきである。比丘の経行《きょうぎょう》（緩歩）のところにあるのは許されない。もし多くの人々が行き交うところに声聞の塔を起てるならば、越毘尼罪《おつびにざい》（律からの逸脱の罪）である。」

（巻二十七。T22, 444b）

持律、法師、営事は、預流、一来、不還、阿羅漢でなく、異生である。大衆部においては、出家者が異生である出家者の塔を起てることが考えられているのである。

説一切有部においては、ブッダは塔に値する者として四者を挙げたとは伝えられていない。ただし、『十誦律』においては、ブッダは阿羅漢の塔を起てることを出家者に任せたと伝えられている。同律に次のようにある。

比丘たちは思った。「われわれが阿羅漢に塔を起てることをブッダが認めてくださるとよいが。」

そのことをブッダに告げた。ブッダはおっしゃった。「阿羅漢の塔を起てることを認める。」

（巻三十九。T23, 284b）

説一切有部においては、もともと、あくまで亡き出家者が阿羅漢である場合、出家者が出家者の塔を起てることが考えられていたのである。ただし、のちの説一切有部においては、亡き出家者が異生である場合すら、出家者が出家者の塔を起てることが考えられるようになった。たとえば、『十誦律』の漢訳に協力した説一切有部の卑摩羅叉《ひまらしゃ》（ヴィマラークシャ。四―五世紀）からの聞き書きを慧観《えかん》（四―五世紀）がまとめた『五百問事《ごひゃくもんじ》』――現存の『仏説目連問戒律中五百軽重事《ぶっせつもくれんもんかいりっちゅうごひゃくけいちょうじ》』の中核部分（船山徹［1998］）――に次のようにある。

質問。比丘は亡くなった師のために塔を起てることを認められるでしょうか、否でしょうか。

回答。みずからの財物によってなら、作ることを認められる。師の財物によって作るなら、認められない。

質問。比丘は師の塚に礼をなすことを認められるでしょうか、否でしょうか。

回答。認められる。

論難。生きているうちはわが師ですが、すでに死んだのちは比丘ですらなく、ただ枯れ骨であるにすぎません。どうして礼をなしたりしましょうか。

回答。ブッダは世にあるうちは供養されるべき者、恭敬されるべき者であるが、般涅槃してのちはやはり枯れ骨であるにすぎない。なにゆえ供養したりするのか。師は生きているうちは法によって人を益する。死んでのち敬って礼をなすことにいかなる過失があったりしょうか。

（T24, 978b）

表6－1　塔に値する者と、出家者が起てることを任された塔

	塔に値する者	出家者が起てることを任された塔
上座部の『ディーガ・ニカーヤ』大般涅槃経	如来、独覚、声聞、転輪聖王	——
上座部の『クッダカ・ニカーヤ』所収『ウダーナ』	——	阿羅漢である声聞の塔
法蔵部の『長阿含経』	如来、独覚、声聞、転輪聖王	——
化地部の『五分律』	如来、独覚、声聞、転輪聖王	阿羅漢である声聞の塔 独覚の塔
大衆部の『摩訶僧祇律』	如来、独覚、声聞、転輪聖王	声聞の塔 異生である出家者の塔
説一切有部の『十誦律』	——	阿羅漢である声聞の塔（ただし、のちに、異生である出家者の塔を起てることをも開始）

ここでは、出家者が出家者の塔を起てることは、もはや、亡き出家者が阿羅漢である場合に限定されていない。

なお、インドに留学して説一切有部に滞在した、『根本説一切有部毘奈耶雑事』の漢訳者、義浄もまた、説一切有部において、出家者が異生である出家者の塔を起てることが認められていたことを伝えている。『南海寄帰内法伝』に次のようにある。

あるいは、その遺骨を収めて亡者のために倶攞《くら》と呼ばれる塔を作ることがある。形は小塔のようであり、上に相輪《そうりん》（円盤状の笠）がない。

（巻二、尼衣喪制。T54, 216c）

倶攞はkūla（塚）の音写であると推測されている（宮林昭彦、加藤栄司［2007: 151］）。ちなみに、後期密教に属する実践マニュアルのひとつ、パドマシュリーミトラ『マンダローパーイカー』（『マンダラ儀軌』）においても、阿闍梨が亡き阿闍梨のために相輪がない小塔を起てることが考えられている（訳註研究として種村隆元［2012a］）。『南海寄帰内法伝』との符合が注目される。

以上をまとめると、前頁の表6－1のとおりである。

展開された聖者崇拝

さて、出家者が出家者の塔を起てることは聖者崇拝を背景として考え出された。そのことは、前述のように、上座部、化地部、説一切有部において、もともと、亡き出家者が阿羅漢である場合にのみ、出家者が出家者の塔を起てることが考えられていたことからわかる。

ただし、前述のように、大衆部においては、亡き出家者が異生である場合すら、出家者が出家者の塔を起てることが考えられていたし、説一切有部においても、のちに、亡き出家者が異生である場合すら、出家者が出家者の塔を起てることが考えられるようになった。ここには明らかに展開が見られる。

異生の塔と女性出家者

じつは、このように、亡き出家者が異生である場合すら、出家者が出家者の塔を起てることは、もともと、女性出家者である比丘尼が好むところであったらしい。いくつかの部派においては、亡き出家者が異生であるにもかかわらず、比丘尼が出家者の塔を起てては感傷に浸り、そのせいで比丘とのあいだで問題が起こったことが伝えられている（杉本卓洲［1984: 414-418］）。

まず、上座部の『パーリ律』に次のようにある。

さて、その時、具寿ウパーリにとって和尚である具寿カッピタカが尸林《しりん》（墓地）にとどまっていた。

さて、その時、六群比丘尼にとって大物である比丘尼が末期《まつご》を迎えることとなった。六群比丘尼は、その比丘尼を運び出してのち、具寿カッピタカの住まいから遠からざるところで焼いてのち、塔を起ててのち、行ってはその塔のもとで泣き叫んだ。すると、具寿カッピタカはその声によって悩まされ、その塔を壊してのち、散り散りにした。（VP vol. IV, 308）

法蔵部の『四分律』には次のようにある。

その時、シュラーヴァスティーにおいてひとりの博識な比丘尼が末期《まつご》を迎えることとなった。さらに比丘尼がいて、比丘が住んでいる寺において塔を起てた。比丘尼たちはしばしば寺に来てはとどまってぺちゃくちゃ笑い戯れたし、あるいは歌ったし、あるいは泣き叫んだし、あるいはみずから身を飾った。ついには坐禅する比丘たちを乱すこととなった。

その時、具寿迦毘羅《かびら》はつねに坐禅を楽しんでいたが、比丘尼たちが去ったあと、その日のうちにその塔へ行って壊し、僧伽藍《そうがらん》（サンガの所有地）の外に捨てた。（巻二十九。T22, 766c）

化地部の『五分律』には次のようにある。

その時、クシェーマー比丘尼が末期《まつご》を迎えることとなった。比丘尼たちは比丘の僧坊において骨塔を起てた。その眷属は、一日に三回、〔塔を〕取り囲んでは泣き叫んだ。「われらに法を与えたまえ。われらに衣、食、坐臥具、薬を与えたまえ。どうして一旦にしてわれらを捨てて長逝したもうたか。」

比丘たちは坐禅行道を妨げられるのを厭がった。その時、ウパーリが僧坊に入ってきた。前から住んでいた比丘に「これは何の声か」と質問した。〔比丘は〕つぶさにそのことについて答えた。ウパーリはただちにこれを壊させた。（巻十三。T22, 90b）

説一切有部の『十誦律』には次のようにある。

その時、迦留羅提舎《かるらだいしゃ》比丘が末期《まつご》を迎えることとなった。〔彼には〕姉妹である比丘尼が七人いた。偸蘭難陀《ちゅうらんなんだ》比丘尼、周那難陀《しゅうななんだ》比丘尼、提舎《だいしゃ》比丘尼、憂波提舎《うばだいしゃ》比丘尼、提舎域多《だいしゃいきた》比丘尼、提舎婆羅那《だいしゃばらな》比丘尼、提舎叉多《だいしゃしゃた》比丘尼である。彼ら比丘尼たちは大勢力を有しており、薪を集めてかの比丘の身を焼いてのち、骨を拾い、塔を起てた。
その時、迦陀《かだ》というひとりの比丘がいた。ヴァッジ国からヴァイシャーリーに遊行しているまま、道中においてその塔を見た。「誰の塔であるか」と問うた。「迦留羅提舎比丘の塔である」と答えた。〔迦陀は〕さらに言った。「これは異生である。塔を起てることで何になろうか。」
ただちにその塔を壊したし、縄床を敷いて上に坐った。

（巻四十七。T23, 340a）

『根本説一切有部毘奈耶雑事』には次のようにある（先行訳として、Gregory Schopen［2004: 341–342］を参照した）。

具寿パルグナが末期《まつご》を迎えた時、その時、十二群比丘尼は彼の遺骨を集めてのち、大いなる恭敬をもって、広い場所に塔を起てた。そこに相輪《そうりん》と幢《はたほこ》と幡《はた》とをも付けた。抹香と花とによって飾った。愛らしく語る二比丘尼をも巡らしてのち、そこにおいて、一日中、土と水と抹香と花とをたむけた。そののち、ほかの地方から来た比丘たちなるもの、彼らに手を洗うものを与え、花と抹香と頌《じゅ》の声とによって塔に礼をさせた。
別の時に、具寿カヴァダカが眷属五百とともに遊行しつつシュラーヴァスティーに着いた。阿羅漢たちは、意図しておらず、知見を働かせていなかったので、彼らはその塔を遠くから見、「これは、新しくできた、世尊の髪と爪との塔だ。行って礼拝しよう」と思った。彼らはそこへ行った。そして、かの二比丘尼によって彼らに手足を洗うための土と水とが与えられた。そののち、与えられた花と抹香と、頌の声とによって塔に礼をした。彼は眷属五百とともに礼をしてのち去った。

その塔からあまり遠くないところに、具寿ウトパラヴァルナーが木の根もとで日を過ごすために坐っていた。彼女は彼らを見てのち言った。「具寿カヴァダカ、あなたは誰の塔に礼をするのかを意図なさい。」

彼は思った。「なぜ具寿ウトパラヴァルナーはこのように「具寿カヴァダカ、あなたは誰の塔に礼をするのかを意図なさい」と言ったのか。」

彼は言った。「とりあえず、思惟してみよう。」

とりあえず、思惟に入った上で、「比丘パルグナの遺骨の塔である」と見ぬいてのち、彼は、瞋纏《しんてん》（怒りの占拠）の習気《じっけ》（残り香）によって連続体（心身）が熏習《くんじゅう》（浸透）されていたので、戻っていき、具寿ウトパラヴァルナーに言った。「聖教に水疱が生じているのに、あんたはここに坐ったまま放っている。」

彼女は何も言わないで坐っていた。彼は彼ら弟子たちと近侍者たちとに言った。「具寿たちよ、およそ聖教を愛し惜しむ者たちなるもの——彼らは、それゆえに、この、骨と枯れ骨との塚からいちいちの煉瓦を放り出して散り散りにせよ。」

彼の眷属は多かった。彼らは骨と枯れ骨との塚からいちいちの煉瓦を放り出して捨て去って、刹那のうちに壊してしまった。

（D no. 6, Da 172b3–173a5; P no. 1035, Ne 167a3–b4）

以上、多少の違いはあるにせよ、亡き出家者が異生であるにもかかわらず、比丘尼が出家者の塔を起てては感傷に浸り、比丘とのあいだで問題が起こったことはいくつかの部派に共通して伝えられている。

注目されるべきなのは、説一切有部の『十誦律』において、「これは異生である。塔を起てることで何になろうか」という理由によって塔が壊されたと伝えられている点である。先に確認したように、同律においては、ブッダは、亡き出家者が阿羅漢である場合、出家者が出家者の塔を起てることを認めたと伝えられている。それゆえに、同律においては、亡き出家者が異生である場合、出家者が出家者の塔を起てることは好ましくないと考えられているのである。

ちなみに、『十誦律』においては、亡き出家者の遺骨を祭祀していた比丘尼が在家者から非難されたことも伝えられている。同律に次のようにある。

その時、迦留羅提舎《かるらだいしゃ》比丘が末期《まつご》を迎えることとなった。彼には姉妹である比丘尼が七人いた。偸蘭難陀《ちゅうらんなんだ》、周那難陀《しゅうななんだ》、提舎《だいしゃ》、優波提舎《うばだいしゃ》、域多提舎《いきただいしゃ》、和梨提舎《わりだいしゃ》、勒叉多《ろくしゃた》である。大勢力を有しており、焼かれた死屍（遺骨）を祭祀していた。居士（在家者）たちは不機嫌になった。

「汝らは出家しており、入道しているのに、どうして死人に飲食を与えたりするのか。」

比丘尼たちはどうしていいかわからず、そのことをブッダに告げた。ブッダはおっしゃった。「今からは、比丘尼たちが死者を祭祀することは許されない。もし祭祀したならば、突

吉羅である。」（巻四十。T23, 295a）

出家者が異生である出家者の塔を起てることは、もともと、決して必要ではなかった。それでもなお、共感意識が強い女性にとっては、みんなで出家者の塔を起てること、みんなでそれを囲んで感傷に浸ることが必要だったのであろう。出家者が異生である出家者の塔を起てることが考え出されたのには、女性の宗教性が少なからず関与していたように思われる。

起てられるようになった異生の塔——中国

中国においても、亡き出家者が異生である場合すら、出家者が出家者の塔を起てることが考えられるようになった。

東晋の半ばまでにおいては、諸部派の律はいまだ訳出されていなかったが、亡き出家者が異生である場合すら、出家者が出家者の塔を起てることが自然に考え出されたらしい。たとえば、慧皎『高僧伝』（巻五、竺僧輔《じくそうふ》伝。T50, 355b）においては、東晋において、竺僧輔（四世紀）が亡くなった時、僧が塔を起てたことが伝えられている。

東晋の末から唐にかけては、諸部派の律が訳出された。そして、唐においては、それにもとづいて、亡き出家者が異生である場合すら、出家者が出家者の塔を起てることが考えられるようになった。たとえば、道世《どうせい》（六世紀末——六八三）『法苑珠林《ほうおんじゅりん》』『諸経要集《しょきょうようしゅう》』に次のようにある。

異生である比丘のうち、徳望ある者はやはり塔を起てることを許される。ほかの者は不都合である。（『法苑珠林』巻三十七。T53, 580a;『諸経要集』巻三。T54, 21b）

これは明らかに前掲の『摩訶僧祇律』に拠っている。『宋高僧伝』においては、唐において出家者が出家者の塔を起てたことがしばしば伝えられているのであるが、それはこのような事情によるらしい。

北宋においても、亡き出家者が異生である場合すら、出家者が出家者の塔を起てることが続けられた。天禧三年（一〇一九）に成立した道誠《どうじょう》『釈子要覧《しゃくしようらん》』（巻下。T54, 309ab）においては、前掲の『摩訶僧祇律』『五百問事』『南海寄帰内法伝』が引用され、亡き出家者が異生である場合すら、出家者が出家者の塔を起てることが認められている。崇寧二年（一一〇三）の序を有する長盧宗《ちょうろそう》賾《さく》『禅苑清規《ぜんねんしんぎ》』（巻七、亡僧・尊宿遷化）においては、夭折の出家者（亡僧）については火葬ののち遺骨を普同塔（共用の塔）に入れ、高徳の出家者（尊宿）についてはあるいは遺体を結跏趺坐させたまま龕《がん》（厨子《ずし》）に納め、塔の地下に入れることが記されている。

なお、唐末北宋ごろからは、禅宗において、高徳の出家者の塔として無《む》縫塔《ほうとう》と呼ばれる卵型の石塔が起てられるようになった。

なかなか起てられるようにならなかった異生の塔——日本

日本においても、亡き出家者が異生である場合すら、出家者が出家者の塔を起てることが考えられるようになった。
平安時代においては、もともと、出家者が出家者の塔を起てることはなかった。ただし、出家者が出家者の廟《びょう》(追悼施設)を起てることはあった。たとえば、日本天台宗の開祖、最澄(伝教大師。七六六―八二二)の弟子である、第三代天台座主、円仁《えんにん》(慈覚大師。七九四―八六四)の遺言として、菅原道真『慈覚大師伝』に次のようにある(同書の著者については佐伯有清[1986])。

この山(比叡山)の上に諸人の廟を造ってはならない。ただ大師(最澄)の廟を留《とど》めるのみ。わたしが没したあとは、樹《き》を植えてその場所を験《しる》せ。後代にもし高徳の人がいて、強いて〔わたしの廟を〕造立するならば、わたしがはなはだ慙《は》ずるところである。

(佐伯有清[1986: 296])

円仁は最澄の廟のほかに比叡山に諸人の廟を造らないことを遺言しているから、当時、比叡山に最澄の廟があったことがわかる。
なお、円仁は比叡山の華芳に葬られ、この遺言にもかかわらず、そこに廟が造られた。そして、寛平元年(八八九)、円仁の弟子である、千日回峰行の祖、相応(八三一―九一八)がその廟の前に『法華経』を安置した塔を起てた。著者不明『天台南山無動寺建立和尚伝』に次のようにある。

宇多天皇の寛平元年己酉、大師(円仁)の顧命を守るため、華芳御廟の前に卒都婆(スト

ゥーパ。塔）一基を造立して『法華経』一部を奉納した。（佐伯有清［1986: 305］）

ただし、この塔は、あくまで『法華経』の塔であって、出家者の塔ではない。

平安時代においては、こののち、初期密教に属する『仏頂《ぶっちょう》 尊勝陀羅尼経《そんしょうだらにきょう》』『不空羂索神変真言《ふくうけんじゃくじんぺんしんごん》経《きょう》』などが広まるにつれ、出家者の墳墓の上にさらに呪文を安置した塔を起てることが考えられるようになった。これらの経については、第四章において確認した。

なぜそのような塔を起てるかといえば、『仏頂尊勝陀羅尼経』『不空羂索神変真言経』などにおいては、呪文を安置された塔の影がかかった有情たちは罪悪が浄化され天趣へ転生すると説かれているからである（訳註研究として畝部俊也［2015］、密教聖典研究会［2015］）。平安時代の絵巻物『餓鬼草紙』においては、塔を起てられた墳墓の周囲を餓鬼たちが徘徊しているのが描かれている。おそらく、当時の人々にとっては、生前に罪悪をなした亡者たちは死後に餓鬼へ転生して墳墓の周囲を徘徊するものと考えられていたのであり、彼らを天趣へ転生させるために、塔のうちに呪文が安置されたのである。

天禄三年（九七二）、第十八代天台座主、良源《りょうげん》（慈恵《じえ》大師。九一二―九八五）はみずからの墳墓の上にさらに呪文を安置した塔を起てることを弟子である出家者たちに遺言している。『遺告《ゆいごう》』に次のようにある。

石率都婆（石のストゥーパ。石塔）については、生前に〔これを〕作って運びたい。もしいまだ運ばない前に命が終わったならば、とりあえず仮率都婆（仮のストゥーパ）を立て、その下に深さ三、四尺ばかりの穴を掘り、穴の底に骨を置き、上を土で満たすがよい。四十九日のうちに石率都婆を作って、これを立て替えるがよい。遺弟などが時々来て礼拝するための標示である。

率都婆のうちには、随求《ずいぐ》〔陀羅尼〕、大仏頂〔陀羅尼〕、尊勝〔陀羅尼〕、光明〔真言〕、五字〔真言〕、阿弥陀〔陀羅尼〕など、真言を安置する。生前に書いておきたいが、もしいまだ書かないまま入滅したならば、良照、道朝、慶有など、同法者がこれを書くがよい。

（小松茂美〔監修〕、平林盛得〔解説〕［1977: 65–66］）

この石率都婆は、墓標としての性格が強いものであるが、あくまで呪文の塔であって、出家者の塔ではない。

出家者が出家者の塔を起てることが考えられるようになったのは鎌倉時代においてである。前述のように、中国においては、唐において、亡き出家者が異生である場合すら、出家者が出家者の塔を起てることが始まったし、北宋においても、そのことが続けられた。日本においては、中国からそのことが伝わったのである。比較的古い例として、鎌倉時代に作られた『法然上人行状画図』（巻四十二）においては、浄土宗の開祖、法然（一一三三―一二一二）の遺体が石の櫃に納められて土葬され、のちに、天台宗がその墳墓を破却し遺体を鴨川に流そうとしたことを承け、安貞二年（一二二八）一月二十五日、門弟たちが遺体を火葬し、貞永二年（一二三三）一月二十五日、二尊院の西の岸の上に起てられた塔のうちに遺骨を収めたことが伝えられている。

なお、前述のように、中国においては、唐末北宋ごろから、禅宗において、高徳の出家者の塔として無縫塔が起てられるようになったが、日本においても、鎌倉時代において中国から禅宗が伝わるとともに無縫塔が伝えられた。当初、無縫塔は禅宗において起てられていたが、のちには、ほかの諸宗においても起てられるようになって現在に至っている。

二　在家者が出家者の塔を起てること

起てられるようになった聖者の塔――インド

次に、在家者が出家者の塔を起てることもインドにおいて考え出された。インドにおいては、亡き出家者が聖者である場合、在家者が出家者の塔を起てることが考えられていたのである。

先に確認したように、上座部においては、ブッダは塔に値する者として次のような四者を挙げたと伝えられている。
①如来（阿羅漢）
②独覚（阿羅漢）
③声聞（預流、一来、不還、阿羅漢）

④転輪聖王《てんりんじょうおう》（帝王）

四者のうち、如来、独覚、声聞は聖者である。転輪聖王は異生である。

上座部においては、ブッダは如来の塔を起てることを在家者に任せたと伝えられている。このことについては、第二章において確認した。

さらに、上座部の『マッジマ・ニカーヤ』と『サンユッタ・ニカーヤ』とに対するブッダゴーサの註釈においては、阿羅漢である声聞プンナの塔を在家者が起てたことが伝えられているし、『クッダカ・ニカーヤ』所収の『ジャータカ』に対する伝ブッダゴーサの註釈においては、阿羅漢である声聞モッガッラーナの塔を在家者が起てたことが伝えられているし、五世紀に上座部の勢力圏であるシンハラ（現在のスリランカ）を訪れた中国人出家者、法顕《ほっけん》の旅行記『高僧法顕伝』においては、阿羅漢である声聞の塔を在家者である国王が起てたことが伝えられている。このことについても、第二章において確認した。

法蔵部においても、ブッダは塔に値する者として四者を挙げたと伝えられ、それとともに、ブッダは如来の塔を起てることを在家者に任せたと伝えられている。法蔵部の『長阿含経』遊行経（巻三。T1, 20a）は第二章において確認した上座部の『ディーガ・ニカーヤ』大般涅槃経とほぼ同じである。

さらに、法蔵部においては、ブッダは阿羅漢である声聞シャーリプトラとマウドガリヤーヤナとの塔を起てることを在家者たちに任せたとも伝えられている（杉本卓洲［1984: 283-284］）。『四分律』に次のようにある。

その時、シャーリプトラとマウドガリヤーヤナとが般涅槃してのち、ある檀越《だんおつ》（施主）が次のように言った。「もし世尊がわたしたちに彼らの塔を起てることを認めてくださいますならば、わたしが起てたいと存じます。」
比丘たちはブッダに告げた。ブッダはおっしゃった。「起てることを認める。」
（巻五十二。T22, 956c）

説一切有部においては、ブッダは塔に値する者として四者を挙げたとは伝えられていないが、ブッダは如来の塔を起てることを在家者に任せたと伝えられている。このことについては、第二章において確認した。

さらに、説一切有部においては、ブッダは声聞の塔を起てることを在家者に任せたとも伝えられている（杉本卓洲［1984: 281–283］）。たとえば、第二章において確認したように、説一切有部においては、ブッダは阿羅漢である声聞シャーリプトラの遺体供養を出家者アーナンダから取り上げ、在家者アナータピンダダに任せたと伝えられているが、そこにおいては、シャーリプトラの塔を起てることをもアナータピンダダに任せたと伝えられている。『根本説一切有部毘奈耶雑事《こんぽんせついっさいうぶびなやぞうじ》』に次のようにある（先行訳としてGregory Schopen［2004: 302–303］を参照した）。

〔居士アナータピンダダは〕一辺に坐ってのち世尊に次のように告げた。「御前《ごぜん》さま、聖者シャーリプトラに対し浄信篤い人々の大群がもろもろの供養の具を持ってわたしの屋敷に来まして、わたしは少しの用事のために扉を閉めてのち他所《よそ》にいましたが、彼らは「居士アナータピンダダは扉を閉めて行ってしまった。われらの福徳に障害がなされた」と不機嫌になりましたし、貶《けな》しましたし、文句をつけました。そのため、もし世尊が認めてくださいますならば、わたしが聖者シャーリプトラの塔を空き地に作りましょうし、そこで人々の大群が心のびやかに供養をなしましょう。」

世尊はおっしゃった。「居士よ、そういうわけならば、認めるので、作りなさい。」

(D no. 6, Tha 246a1–4; P no. 1035, De 232a4–7)

さらに、ブッダはあらゆる聖者である声聞の塔を起てることを在家者アナータピンダダに任せたとも伝えられている。『根本説一切有部毘奈耶雑事』に続いて次のようにある(先行訳として **Gregory Schopen**〔2004: 303–304〕を参照した)。

世尊は「認めるので、作りなさい」とおっしゃったが、彼(アナータピンダダ)はどのように作られるべきかわからなかったので、世尊はおっしゃった。「順に、四層を作って、その上に、覆鉢《ふくばち》(半円球状の丘陵)のための基壇を作りなさい。その上に、覆鉢と、〔覆鉢に載せる〕平頭《びょうず》(箱状の構築物)と、〔平頭に立てる〕竿と、〔竿に付ける〕一か、二か、三か、四か、ないし十三かの相輪《そうりん》(円盤状の笠)を作って、宝瓶《ほうびょう》(雨覆い)が設けられるべきです。」

世尊は「塔はそのように作られるべきです」とおっしゃったが、彼〔アナータピンダダ〕は、はたして聖者シャーリプトラだけにそのような形相の塔が作られるべきなのか、それともあらゆる聖者に作られるべきなのかわからなかった。比丘たちはそのことを世尊に告げた。世尊はおっしゃった。「居士よ、とりあえず、如来の塔はあらゆる形相が円満されるべきです。

独覚の〔塔〕は宝瓶が設けられるべきではありません。

阿羅漢の〔塔〕は相輪が四重です。

不還の〔塔〕は相輪が三重です。

一来の〔塔〕は相輪が二重です。

預流の〔塔〕は相輪が一重です。

善き異生たちの塔は装飾されざるべきです。」

世尊は「聖者たちの塔はこの形相によりますし、善き異生たちの〔塔〕はこの形相によります」とおっしゃったが、彼〔アナータピンダダ〕は誰の〔塔〕がどの場所で作られるべきかわからなかったので、世尊はおっしゃった。「あたかも如来がとどまるなら〔そこに〕シャーリプトラとマウドガリヤーヤナとがとどまるように、そのように、般涅槃者《はつねはんしゃ》の塔も作られるべきです。さらにまた、上座たちそれぞれの塔は年齢順にかたち作られるべきです。善き異生たちの〔塔〕は僧伽藍《そうがらん》（サンガの所有地）の外に作られるべきです。」

（D no.6, Tha 246a4–b3; P no. 1035, De 232a7–232b5）

表6-2　塔に値する者と、在家者が起てることを任された塔

	塔に値する者	在家者が起てることを任された塔
上座部の『ディーガ・ニカーヤ』大般涅槃経	如来、独覚、声聞、転輪聖王	如来の塔（ただし、のちに、阿羅漢である声聞の塔を起てることをも開始）
法蔵部の『長阿含経』遊行経	如来、独覚、声聞、転輪聖王	如来の塔
法蔵部の『四分律』	——	阿羅漢である声聞の塔
説一切有部の『長阿含経』大般涅槃経	——	如来の塔
説一切有部の『根本説一切有部毘奈耶雑事』	——	あらゆる聖者の塔（如来の塔、独覚の塔、声聞の塔）

「善き異生たちの塔は装飾されざるべきです」と説かれている「善き異生たちの塔」とは、前掲の義浄『南海寄帰内法伝』において「あるいは、その遺骨を収めて亡者のために倶攞《くら》と呼ばれる塔を作ることがある。形は小塔のようであり、上に相輪がない」と説かれていた倶攞に該当する。先に確認したように、説一切有部においては、倶攞は出家者によって起てられていた。

したがって、説一切有部においては、在家者が出家者の塔を起てることは、亡き出家者が聖者である場合、考えられていたが、異生である場合、考えられていなかったと推測される。

以上をまとめると、上の表6-2のとおりである。

配慮された聖者崇拝

さて、在家者が出家者の塔を起てることは聖者崇拝を背景として考え出された。そのことは、

在家者が出家者の塔を起てることが、もともと、あくまで亡き出家者が聖者である場合、考えられていたことからわかる。

第一章において確認したように、概して言えば、在家者は、煩悩を断ちきらないまま、福徳を積むことによって、輪廻において善趣へ転生することを目的としている。布施を与えることは福徳を積むことのひとつであり、在家者は、聖者に布施を与えた場合、その福徳によって大きな果／報酬を得ると考えられている。

ここで注目されるべきなのは、前掲の『根本説一切有部毘奈耶雑事』において、アナータピンダダによって屋敷の扉を閉められ、シャーリプトラの遺骨に布施を与えることができなくなった在家者たちが「居士アナータピンダダは扉を閉めて行ってしまった。われらの福徳に障害がなされた」と言っていたことである。

おそらく、在家者にとっては、聖者の遺骨に布施を与えた場合も、福徳を積むことになるし、その福徳によって大きな果／報酬を得ると感じられていたのであろう。ブッダが阿羅漢である出家者の塔を起てることを在家者に任せたと伝えられているのは——もし事実であるならば——福徳を積むことを求める在家者にブッダが配慮したからであると考えられる。

ちなみに、聖者の遺骨に布施を与えた場合、本当にその福徳によって大きな果／報酬を得るか否かについては、これを否と考える諸部派もあったらしい。部派分裂についての歴史書であるヴァスミトラ（世友《せう》）『異部宗輪論』（一—二世紀ごろか）においては、制多山部、西山住部、北山住部が「塔への供養の業《ごう》は大きな果とならないものである」という基本説を有し、化地部が「塔への供養の業《ごう》は小さな果を有するものである」という異説を有していたと伝えられている。なお、『異部宗輪論』は三種類の漢訳と一種類の蔵訳とのかたちで現存するが、蔵訳は制多山部、西山住部、北山住部について言及しない。

それに対し、聖者の遺骨に布施を与えた場合、その福徳によって大きな果／報酬を得ると考えるのは、たとえば、説一切有部のような部派である。説一切有部においては、聖者の遺骨のうち、とりわけ、ブッダの遺骨に布施を与えた場合、その福徳によって大きな果／報酬を得、それを受けて天界へ転生するのみならず、最終的に、般涅槃を得るとすら考えられている。『阿毘達磨大毘婆沙論』に次のようにある。

〔ブッダの〕般涅槃ののち、たとえ千年を過ぎたとしても、無量の有情が、もし遺骨に対し芥子《けし》粒《つぶ》ほどですら慇浄心《いんじょうしん》（敬意）を起こして恭敬《くぎょう》し供養するならば、無辺の福徳を得るし、天界へ受生して楽を受けるし、般涅槃を得る。

（巻百二十。T27, 627c）

ちなみに、説一切有部の説話集『ディヴィヤ・アヴァダーナ』においては、ブッダに奉仕する者は天界へ転生してのち、最終的に、不死の処《しょ》（般涅槃）に達すると考えられている。同書に次のようにある。

導師、勝者《しょうじゃ》に、わずかでも、もろもろ奉仕をせん者ら、

彼らは彩《あや》なる天界へ、来てのち、不死の処へ達せん。（DivA 166, 26–27）

『ディヴィヤ・アヴァダーナ』においては、ブッダに奉仕する者は天界へ転生してのち、最終的に、不死の処（般涅槃）に達すると考えられているのに対し、『阿毘達磨大毘婆沙論』においては、ブッダの遺骨に供養する者もまた、天界へ転生してのち、最終的に、般涅槃を得ると考えられているのである。

起てられることもあるようになった聖者の塔――南方

第二章において確認したように、諸部派の律においては、出家者がみずからを聖者であると言うことは禁じられている。それゆえに、上座部の勢力圏である南方においては、たとえ聖者であるかどうかわからなくても、在家者が出家者の葬式を行なうことが考えられるようになった。ただし、ミャンマーにおいては、たとえ在家者が出家者の葬式を行なうことは考えられているにせよ、在家者が出家者の塔を起てることは考えられていない。たとえば、十九世紀のビルマ（現在のミャンマー）において在家者が出家者の葬式を行なうことについて、ジェイムズ・ジョージ・スコットによる現地調査記録に次のようにある。

最後にくすぶつてゐる余燼《よじん》が冷却すると、僧院の同朋達《たち》は残つてゐる一片の骨でも拾はうとして探し廻る。そしてこれを入念に集めて、何処《どこ》か仏塔の近くに埋める。特にそれが聖僧の火葬である場合には、その骨を搗《つ》き砕いて、油と一緒に捏粉《こねこ》の中に混ぜ、これで仏陀の像を拵《こしら》へて僧院の中に安置して置く。他の仏教国で行はれてゐる、死者の上に墓を建てるといふもう一つの習慣は、釈迦の御教《みをしへ》に従つたものであり、立派なことではあるが、ビルマでは殆《ほとん》ど行はれてはゐない。シヤン州地方ではこの習慣が普通に行はれてゐるが、それは約一米《メートル》位《くらゐ》の高さで、漆喰で蔽うた頂上の尖つた煉瓦の塊《かたまり》に過ぎないものであつて、それ以上に精巧なものであることは稀である。

（シュウェイ・ヨー、国本嘉平次・今永要〔訳〕[1943: 681]。ふりがなを追加）

ミャンマーにおいては、シャン州地方を例外として、在家者が出家者の塔を起てることは考えられておらず、出家者の遺骨は出家者によって処理されるのである。シャン州地方はタイ系のシャン族の居住地である。シャン州地方に接する北タイにおいては、在家者と出家者とがともに出家者の葬式を行なうことが考えられ、それにともなって、出家者の塔を起てることが考えられている。一九七三年、北タイにおいて行なわれた住職の葬式について、チャールズ・F・キーズによる現地調査記録に次のようにある。

次の朝、地域の会衆から幾らかの人々が、地域の寺から僧侶たちと小僧たちが、そして、亡き住職の親族のうち幾らかが、火葬の場所に集まった。彼らは住職の焼かれた骨の残余の幾分かを集めた。それらはのちに寺の敷地において、北タイにおいて *ku* と呼ばれている、小さな塔のうちに祀られるであろう。

（Charles F. Keyes［1975: 58］［2000: 134］）

二〇〇六年、北タイにおける旧暦十二月の満月の日の儀礼を調査した文化人類学者、西本陽一は、チェンマイのドークカム寺において、儀礼が始まる前に、女性を中心とする在家者たちが亡き住職の墓を右回りに回りつつ拝んでいたことを伝えている。同氏による現地調査記録に次のようにある。

この日寺院では朝の7時には既に、中年以上の女性を中心とした信徒たちが本堂に集まっていた。本堂前にある、故住職の墓（*ku*）の周りを、蠟燭と線香と花のセットを両手に挟んで拝むようにしながら右回りに回っていた。回り終わった老婆は、蠟燭と線香と花を、建物に塗りこめられた故住職の遺影の前に捧げた。

（西本陽一［2007: 84］）

故住職の墓（*ku*）とは「亡くなった前住職の遺骨の一部が納められた八角錐型の白塗りの仏塔風の建物である」とのことである（西本陽一［2007: 92, note 13］）。

起てられるようになった聖者の塔——中国

中国においても、亡き出家者が聖者である場合、在家者が出家者の塔を起てることが考えられるようになった。

僧祐《そうゆう》『出三蔵記集《しゅつさんぞうきしゅう》』（巻十四、求那跋摩《ぐなばつま》伝。T55, 104c）、慧皎《えこう》『高僧伝』（巻三、求那跋摩伝。T50, 341b-342b）においては、南朝の劉宋において、一来果を得ていたことを遺言のうちに明かしていたインド人出家者、求那跋摩（グナヴァルマン。三六七？—四三一）が亡くなった時、出家者と在家者とがともに遺体を闍毘《じゃび》（荼毘。火葬）してのち白塔を起てたことが伝えられている。

灌頂『隋天台智者大師別伝』においては、隋において、聖者であると信じられていた天台宗の第三祖、智顗《ちぎ》（天台大師。五三八—五九七）が亡くなった時、出家者と在家者とがともに遺言に従って遺体を龕《がん》（厨子《ずし》）に入れ、墳墓に保存してのち白塔を起てたことが伝えられている。智顗の遺言に次のようにある。

死後は西南の峰（天台山仏隴峰）にある指定した地に安置し、石を重ねて遺体を囲み、松を植えて塚を覆い、二つの白塔を立て、見る人に菩提心《ぼだいしん》（求道心）を発《おこ》させよ。（T50, 195c）

中国においては、在家者は土着習俗として在家者の墳墓を築いていた（後述）。礼法に則る場合、在家者の墳墓は盛り土の上に樹《き》を植えられていた。智顗はそれゆえにみずからの墳墓に松を植えることを命じたのであるが、それとともに墳墓の上にさらに塔を起てることをも命じたのである。

隋の煬帝（五六九—六一八）は勅報百司上表賀口勅（『国清百録』巻三。T46, 816c）において、大業元年（六〇五）十一月二十四日、盧政力を遣わして先師である智顗の「龕墳《がんふん》」を開かせたところ、遺体は見えなかったと記している。さらに、隋の柳䛒《りゅうべん》（柳顧言）は天台国清寺智者禅師碑文

（『国清百録』巻四。T46, 817c）において、大業元年十一月二十四日、煬帝が先師である智顗の年忌にあたって僧を集めさせ、「石室」を開いたところ、ただ空《から》の床、虚ろな帳《とばり》、苔、蜘蛛の網を見るだけであったと伝えている。これらによるに、智顗の墳墓は内部に石室を有し、そこに遺体が保存されていたのである。

入唐した日本天台宗の円珍（智証大師。八一四―八九一）は、大中八年（八五四）二月九日、天台山において智顗の「墳塔」を拝している。円珍『行歴抄』に次のようにある。

さらに一里ほど行ったところ、幢《はたぼこ》があって、「智者大師の墳《つか》」と題されていた。円珍は遥かに望見して、心神が驚動し、感慕すること非常であった。即時にもとの衣を脱いで、勅賜《ちょくし》の紫衣《しえ》を着て、衆徒を引き連れ、階段を履み、上がって墳の前に到った。三遍、名を唱え、頂礼《ちょうらい》することがすでに終わってのち、あらためて釈迦仏の号を称《とな》え、三度、頂礼し、次に、大師の号を称え、十度、頂礼した。三匝、墳塔をめぐって、ようやく外門を開け、内を見るに、声もなくしんとしていた。転じて右柱の碑文を看るに、貞元年間に写し来たったものと、かつて相違なかった。（DBZ28, 1229b–1230a）

「外門を開け、内を見るに、声もなくしんとしていた」とあるのは、石室の内部に何もなかったという意味であるらしい。

ちなみに、この墳塔はのちに失われ、大正十一年十月二十一日、常盤大定《ときわだいじょう》（一八七〇―一九四五）が訪れた時は当地に真覚寺が建っており、その祖殿《そでん》のうちに「智者大師真身塔」が据えられていた（常盤大定［1938: 448–449］、常盤大定、関野貞［1939: VI–13; VI–14］）。常盤はこれを「清朝時代の再建であらう」と評している（常盤大定［1938: 448］）。さらに、この「智者大師真身塔」ものちに建て替えられ、昭和五十年十月二十五日、壬生台舜《みぶたいしゅん》（一九一三―二〇〇二）が訪れた時は祖殿のうちに「智者大師真身宝塔」が据えられていた。壬生はこれを「最近の修造のようである」と評している（壬生台舜［1978: 111］）。

逆に言えば、亡き出家者が聖者でない場合、在家者が出家者の塔を起てることは、もともと、あまり考えられていなかったようである。たとえば、慧皎『高僧伝』（巻六、慧遠《えおん》伝。T50, 361b）においては、東晋の末において、中国浄土教の祖、廬山《ろざん》の慧遠（三三四―四一六）が亡くなった時、在家者である潯陽太守、阮侃《げんかん》が「壙《こう》を鑿《うが》ち、隧《すい》を開く」と伝えられている。壙は地下の墓室、隧は墓室への地下道である。これによるに、阮侃は慧遠の塔を起てたのではなく、地下に塼室墓《せんしつぼ》を設けたのでなる。

ちなみに、後代の史料であるが、南宋の咸淳五年（一二六九）に成立した志磐《しばん》『仏祖統紀《ぶっそとうき》』（巻二十六。T49, 263a）、元の大徳九年（一三〇五）に成立した普度《ふど》『廬山蓮宗宝鑑《ろざんれんしゅうほうかん》』（巻四。T47, 321a）においては、阮侃は「石を累《かさ》ね、塔を為《つく》る」と伝えられている。これによるに、阮侃は慧遠の塔を起てたことになる。大正九年十二月十日、常盤大定は当地を訪れ、この塔を発見した。常盤はこの塔を東晋のものと見なして驚喜したが（常盤大定［1938: 152–158］、常盤大定、関野貞［1926: 6–11］）、実のところ、この塔は後代になって南宋までに起てられたものと考えられる。なお、この塔は現存する（稲岡誓純［1987］）。

道宣『続高僧伝』、賛寧『宋高僧伝』においては、唐において、在家者が出家者の塔を起てたことがいくつか伝えられている。とりわけ注目されるのは、インド人出家者、善無畏《ぜんむい》（シュバカラシンハ。六三七―七三五）の塔である。『宋高僧伝』（巻二、善無畏伝。T50, 716a）においては、善無畏が亡くなった時、遺体が腐敗しなかったため、乾元の初め（七五八）に在家者たちが「龕《がん》を営む」と伝えられている。「龕を営む」とは、龕を作ったのであるが、塔をも起てたのであるらしい。三善清行『天台宗延暦寺座主円珍伝』（DBZ28, 1369b）においては、入唐した日本天台宗の円珍が、大中九年（八五五）十二月十七日、洛陽の龍門において「善無畏三蔵和上舎利塔」を拝したことが伝えられている。

南宋の咸淳五年（一二六九）に成立した志磐『仏祖統紀』（巻四十三、巻五十二。T49, 396c; 456a）においては、開宝八年（九七五）三月、北宋の太祖（九二七―九七六。在位九六〇―九七六）が善無畏の塔を開いて真体（本物の体）を瞻敬《せんぎょう》し、翌四月、長雨が止まなかったため善無畏の塔に使者を派遣して祈禱したところ、晴れたことが伝えられている。さらに、『宋高僧伝』（巻二、善無畏伝。T50, 716a）においては、北宋の代々の朝廷が長雨や旱魃に際して善無畏の塔に祈請し、霊験が生じ、多くの布施を供えてきたことが伝えられている。この善無畏の塔は北宋の滅亡とともに失われたらしいが、ともあれ、聖者の塔として在家者の聖者崇拝をもっとも集めた出家者の塔であった。

ほとんど起てられなかった聖者の塔——日本

日本においては、亡き出家者が聖者である場合、在家者が出家者の塔を起てることはほとんど考えられなかったようである。これは、そもそも、日本において、聖者である出家者があまり現われなかったからである。ただし、第二章において確認したように、鎌倉時代においては、聖者であると信じられていた時宗《じしゅう》の開祖、一遍智真が亡くなった時、在家者が葬式を行なってのち「墓地を荘厳」したことが伝えられている。

三　在家者が在家者の塔を起てること

起てられていた在家者の塔——インド

次に、在家者が在家者の塔を起てることはインドにおいて考え出された。もともと、インドにおいては、在家者が在家者の塔を起てることはかならずしも一般的でなかったが、それでも、諸部派においては、在家者が在家者の塔を起てたことがいくつか伝えられている。

たとえば、妃を亡くして悲しみのうちにあった在家者ムンダ王が出家者ナーラダの説法によって悲しみを手放した時のことばとして、上座部の『アングッタラ・ニカーヤ』に次のようにある。

じつに、その時、ムンダ王は倉庫番ピヤカに告げた。「そういうわけで、ピヤカや、バッダー妃の遺体をおまえたちで焼いておくれ。おまえたちで彼女に塔を起てておくれ。今日から、今から、朕は沐浴しようし、塗油しようし、食べものを食べようし、事務にたずさわろう。」

（AN vol. III, 62）

さらに、法蔵部の『四分律』に次のようにある（文中の「糞掃衣《ふんぞうえ》」とは、捨てられていた布から作られる衣を指す。出家者のうち、特に厳格な者は捨てられていた布を集めて衣を作る）。

その時、居士たちは祖父母や父母が死んだので幡蓋となる布によって祖父母や父母の塔を覆った。糞掃衣の比丘がそれを見て剝ぎ取った。居士たちは〔それを〕見ていずれも不機嫌になって言った。「沙門釈子《しゃくし》は慚愧を知らない。他者の物を盗み取っておきながら、自分では「わたしは正法を知っている」と言っている。今、これを観《み》るに、どんな正法があったりしようか。われらは祖父母や父母のために塔を起て、幡蓋によって塔を覆って供養してやっているのに、彼奴《きやつ》はどうしてみずから剝ぎ取ったりするのか。ことさらに沙門釈子のために塔を覆って供養してやっているように、われらはまことに祖父母や父母のために幡蓋によって塔を覆って供養してやっているのだ。」

比丘たちはブッダに告げた。ブッダはおっしゃった。「そのような物を取ることを認めな

い。」　　　　（巻三十九。T22, 850c）

したがって、インドにおいては、かならずしも一般的でなかったにせよ、在家者が在家者の塔を起てることがあったとわかる。

放置された土着習俗

さて、在家者が在家者の塔を起てることは土着習俗を背景として考え出された。そのことは、前述のように、在家者が仏教と無関係に土着習俗にもとづいて在家者の塔を起てていたことからわかる。

重要なのは、諸部派において、ブッダは在家者が在家者の塔を起てることを認めたとも伝えられていないし、禁じたとも伝えられていないことである。在家者は、土着習俗にもとづいて、在家者の塔を起ててもいいし、起てなくてもいいのである。在家者が在家者の塔を起てることに関しては、仏教は土着習俗を放置していると言うことができる。

今なお起てられていない在家者の塔——南方

上座部の勢力圏であるスリランカや東南アジア諸国においては、在家者は、もともと、土着習俗として在家者の塔を起てていなかった。たとえば、十九世紀のビルマ（現在のミャンマー）について、ジェイムズ・ジョージ・スコットによる現地調査に次のようにある。

併《しか》し注意すべきは何等《なんら》の墓石も建てられないことである。即《すなは》ち将来墓の所在を示す何物もないのである。（シュウェイ・ヨー、国本嘉平次・今永要〔訳〕［1943: 687］。ふりがなを追加）

こんにちのミャンマーにおいては、富裕な在家者が墓石を建てることもあるが、それは外国からの影響による（高橋昭雄［1994］）。通常、在家者の塔は起てられない。スリランカやほかの東南アジア諸国においても、状況は同様である。ただし、たとえ在家者の塔は起てられないにせよ、在家者の遺体を埋める墓地がないわけではない。

ほとんど起てられなかった在家者の塔――中国

中国においては、在家者は、もともと、土着習俗として在家者の墳墓を築いていた。礼法に則る場合、在家者の墳墓は盛り土の上に樹《き》を植えられていた。たとえば、『易経』繫辞下に次のようにある。

太古の葬は、薪を厚くかぶせ、これ（遺体）を中野《ちゅうや》に葬り、盛り土せず、樹《き》を植えず、服喪の期間に日数がなかった。後世の聖人はこれを棺《ひつぎ》と槨《そとばこ》とに変えた。おそらく、もろもろの大過の卦《け》を採用したのである。

ただし、唐においては、仏教の影響によって、在家者が在家者の塔を起てることも考えられるようになった。清の考証学者、徐乾学《じょけんがく》（一六三一—一六九四）は『読礼通考』（巻八十六。徐乾学［1881: vol. 86, 6b–7a］）において「塔葬」の例を三つ挙げている。

まず、『旧唐書』（巻百八、列伝第五十八）においては、宰相、杜《と》鴻漸《こうぜん》（七〇八—七六九）が引退して病に罹った時、僧に剃髪させ、臨終に至って、その息子に「胡《えびす》の法」によって塔葬することを遺言したことが伝えられている。

次に、『旧唐書』（巻百五十、列伝第百）においては、皇帝、徳宗（七四二—八〇五。在位七七九—八〇五）の第五子である粛王李詳が建中年間（七八〇—七八三）に四歳で亡くなった時、徳宗が墳墓を築かせず、「西域の法」によって塔を起てることを命じたが、近臣である李岩に反対されてそれに従ったことが伝えられている。

さらに、『旧唐書』（巻百三十八、列伝第七十七）においては、朱泚《しゅせい》（七四二—七八四）の乱のさなか、徳宗とともに城固（現在の陝西省西南部）へ避難していた徳宗の長女、唐安公主（七六二—七八四）が亡くなった時、徳宗が一磚塔を起てることを命じたことが伝えられている。

北宋においては、十世紀後半から十二世紀中葉までに撰述されたと考えられている、著者不明『臨終方訣《りんじゅうほうけつ》』（T17, 747a）において、在家者の葬式について、随意に、窣堵波（ストゥーパ。塔）の中に安置する（塔葬）か、火によって焚く（火葬）か、屍陀林《しだりん》（林葬）か、土の下（土葬）かを選んでよいと説かれている（岡部和雄［1985］）。

ただし、中国においては、在家者が在家者の塔を起てることはほとんど広まらなかった。中国においては、こんにちに至るまで、在家者が在家者の墳墓を築くことが一般的である。

なかなか起てられるようにならなかった在家者の塔——日本

日本においても、在家者は、もともと、土着習俗として在家者の墳墓を築いていた。在家者の墳墓は盛り土されていた。たとえば、第二章において確認したように、『魏志倭人伝』（『魏志』烏丸鮮卑東夷伝倭人条）に次のようにある。

その死するにおいては、棺《ひつぎ》があって槨《そとばこ》がなく、盛り土して冢《つか》を作る。

平安時代においては、『仏頂尊勝陀羅尼経』『不空羂索神変真言経』などが広まるにつれ、在家者の墳墓の上にさらに呪文を安置した塔を起てることが考えられるようになった。

現存文献上、在家者が在家者の墳墓の上にさらに呪文を安置した塔を起てたことが確認される最古の例は仁明天皇（八一〇—八五〇。在位八三三—八五〇）の陵である。『日本文徳天皇実録』嘉祥三年（八五〇）四月乙丑（十八日）条に次のようにある。

これに先立って、深草陵の率都婆（ストゥーパ。塔）のうちに収蔵されていた陀羅尼がおのずから地に落ちた。参議である伴宿禰善男《とものすくねよしお》（八一一—八六八）を派遣して安置させた。

このほかにも、平安時代においては、在家者が天皇の陵の上にさらに呪文を安置した塔を起てたことが確認される例がいくつかある。

たとえば、醍醐天皇（八八五—九三〇。在位八九七—九三〇）の第四皇子、重明《しげあきら》親王（九〇六—九五四）の日記『吏部王記《りほうおうき》』延長八年（九三〇）十月十二日条においては、醍醐天皇の陵の上に率都婆三基が起てられたことが記されている（逸文。米田雄介、吉岡真之〔校訂〕［1974: 46］）。

さらに、源経頼（九八五—一〇三九）の日記『左経記』（『類聚雑例』）長元九年（一〇三六）五月十九日条においては、後一条天皇（一〇〇八—一〇三六。在位一〇一六—一〇三六）の陵の上に石率都婆を起てて陀羅尼を収蔵したことが記されている。

さらに、藤原宗忠（一〇六二—一一四一）の日記『中右記』嘉承二年（一一〇七）七月二十五日条においては、堀河天皇（一〇七九—一一〇七。在位一〇八七—一一〇七）の陵の上に率都婆を起てて陀羅尼を収蔵したことが記されている。

これら、呪文を安置された塔は、あくまで呪文の塔であって、在家者の塔ではない。先に確認したように、『仏頂尊勝陀羅尼経』『不空羂索神変真言経』などにおいては、呪文を安置された塔の影がかかった有情たちは罪悪が浄化され天趣へ転生すると説かれている。さらに、やはり先に確認したように、平安時代の絵巻物『餓鬼草紙』においては、塔を起てられた墳墓の周囲を餓鬼たちが徘徊しているのが描かれている。おそらく、当時の人々にとっては、生前に罪悪をなした亡者たちは死後に餓鬼へ転生して墳墓の周囲を徘徊するものと考えられていたのであり、彼らを天趣へ転生させるために、呪文を安置された塔が起てられたのである。したがって、共同墓地においては、呪文を安置された塔はひとつあればよかった。

たとえば、永延二年（九八八）、天台宗の源信《げんしん》が著した『横川首楞厳院二十五三昧式』（T84, 878a）においては、彼を中心とする二十五人の出家者によって結成された、葬式のための互助組織、二十五三昧会の会則のうちに、共同墓地に率都婆をひとつ起てることが挙げられている。

さらに、後一条天皇の万寿（一〇二四―一〇二八）のころに編纂されたと考えられている『栄花物語』（巻十五「うたがひ」）においては、藤原道長が藤原氏の共同墓地である宇治の木幡山に浄妙寺を建立するまで、木幡山には石の率都婆が一本だけ立っていたと伝えられている。

これらによって、呪文を安置された塔が、あくまで呪文の塔であって、在家者の塔ではないことがよくわかる。

在家者が在家者の塔を起てることが考えられるようになったのは鎌倉時代においてである。平安時代末期においては、石塔として五輪塔《ごりんとう》や宝篋印塔《ほうきょういんとう》が起てられていたが、鎌倉時代においては、そのような塔のうちに在家者の遺骨を収めることが始まった（圭室諦成［1963: 152-153］）。ちなみに、五輪塔や宝篋印塔を石で造ることは、従来、日本において始まったと考えられていたが、近年、北宋の時代の中国において始まって、日本へ伝わったと考えられるようになっている（五輪塔については石田尚豊［1988: 343-344］。宝篋印塔については吉河功［2000］）。ただし、そのような塔のうちに在家者の遺骨を収めることは日本において始まったのである。在家者の遺骨を収められた塔は在家者の塔である。在家者が在家者の塔を起てることは、日本においては、このようにして考えられるようになったのである。

四角い墓石の発生

五輪塔や宝篋印塔に代わって、在家者が四角い墓石を起てるようになったのは室町時代からである。たとえば、室町時代末期における在家者の葬式について、一五六五年二月二十日、イエズス会の宣教師ルイス・フロイスが京都から発信した書簡に次のようにある（東光博英訳）。

> その後、骨を或る特定の場所に運んで埋葬し、その上に方形の石の標柱を置くが、これには上から下に死者が崇めた悪魔の名が記されている。（松田毅一〔監訳〕［1998: 314］）

「悪魔の名」とは、おそらく、「南無阿弥陀仏」などであったと考えられる。

在家者が四角い墓石に亡者の戒名／法名を記すようになったのは江戸時代からである。たとえば、延宝九年（一六八一）に成立した浄土真宗の明伝『真宗《しんしゅう》百通《ひゃくつう》切紙《きりがみ》』（七十一、当流墓之有無之事）に次のようにある。

> 【訳】質問。当流（浄土真宗）の墓を見るに、有徳の人（裕福な人）の墓は四角い石に法名を刻み付けてある。これは石塔（五輪塔）の最下部の地輪であるのか。回答。〔当流は〕地輪を用いない。土で築くがよい。富裕な人であるから石で築くのである。名を刻み付けることは墓のしるしである。〈云云〉

【原文】問《フ》〔◦〕当流ノ墓ヲ見ルニ有徳ノ人ノ墓ハ四角ナル石ニ法名ヲ切付《キリツケ》タリ〔◦〕是ハ石塔ノ下ノ地輪ナル耶〔◦〕答〔◦〕不㆑用㆓地輪ヲ㆒〔◦〕土ニテ可㆑築〔◦〕富人ノ故ニ石ニテ築也〔◦〕名ヲ切付ルコトハ墓ノ印《シ》也〔◦〕〈云云〉

（巻三。明伝［1890: 20a］）

ここで説かれているように、四角い墓石は五輪塔の最下部の地輪ではない。ただし、四角い墓石が納骨塔としての五輪塔を継承して発生したことは確かである。

起塔の背景としての聖者崇拝と土着思想

本章においては、仏教において墓地に塔を起てることが考え出されるようになった背景について確認してきた。まとめれば、表6－3のとおりである。

表6－3　起塔の背景

	背景
出家者が出家者の塔を起てること	インドにおける聖者崇拝
在家者が出家者の塔を起てること	インドにおける聖者崇拝
在家者が在家者の塔を起てること	インドにおける土着習俗

在家者が出家者の塔を起てることが考え出されるようになったのは、在家者が、聖者である出

家者の遺骨に布施を与えた場合、その福徳によって大きな果／報酬を得、それを受けて死後に善趣へ転生すると考えられていたからである。在家者が出家者の塔を起てることは、本来、聖者崇拝を背景として始まったのである。

在家者が在家者の塔を起てることが考え出されるようになったのは、決して、在家者が、在家者の遺骨に布施を与えた場合、その福徳によって大きな果／報酬を得、それを受けて死後に善趣へ転生すると考えられていたからではない。在家者が在家者の塔を起てることは、本来、土着習俗を背景として始まったにすぎない。在家者は、それぞれが住む土地の土着習俗に随って、在家者の塔を起ててもよいし、起てずに散骨してもよいというのが仏教の考えかたである。

結　章
葬式仏教の将来

ここまで、本書においては、仏教において布施、葬式、戒名、慰霊、追善、起塔がそれぞれ考え出されるようになった背景について確認してきた。

出家者の悟りのための宗教として機能している仏教が、なぜ、在家者の葬式のための宗教としても機能しているのか――

この、誰もがいだくに違いない疑問に、誰もがわかるような回答を提示することが本書の目的であった。

本章においては、総括として、この疑問に回答を提示してみたい。

葬式仏教在家起源説

本書においては、仏教において布施、葬式、戒名、慰霊、追善、起塔がそれぞれ考え出されるようになった背景として、聖者崇拝と土着習俗とを指摘してきた。

聖者崇拝とは、ある者がみずからあるいは亡者のために布施を与えた場合、その福徳によって大きな果／報酬を得させ、その者あるいは亡者がそれを受けて善趣へ転生するようにしてくれると信じられている、聖者に対する崇拝である。

土着習俗とは、ある土地に仏教が伝わる前から定着している、その土地固有の習俗である。在家者は、聖者崇拝を背景として、みずからあるいは亡者が善趣へ転生するために、出家者に対し布施、葬式、戒名、慰霊、追善、起塔を願ったし、出家者は、土着習俗を背景として、在家者から安定的に布施を貰うために、在家者の願いに応えていった。

ここで、われわれはようやく先の疑問に対する回答に逢着した。出家者の悟りのための宗教として機能している仏教が、なぜ、在家者の葬式のための宗教としても機能しているのか――

回答は、在家者が聖者崇拝を背景としてそれを願い、出家者が土着習俗を背景としてそれに応えたから、である。

布施、葬式、戒名、慰霊、追善、起塔によって特徴づけられる、在家者の葬式のための宗教――いわゆる葬式仏教は在家者の聖者崇拝に起源を有している。その点において、筆者は、いわば、葬式仏教在家起源説を提唱するのである。

聖者崇拝の衰退と葬式仏教の衰退

葬式仏教ということばは、昭和三十八年（一九六三）、圭室諦成《たまむろたいじょう》（一九〇二―一九六六）が『葬式仏教』（圭室諦成［1963］）を公刊したことによって人口に膾炙されるようになった。圭室は葬式仏教に対し好意的であり、葬式仏教の将来に対し楽観的であったが、『葬式仏教』の公刊のころとは打って変わって、こんにちの日本においては、葬式仏教の衰退が指摘されるようになって久しい。かつての日本においては、在家者が出家者を呼んで布施を与えては在家者の葬式を行なっていたが、こんにちの日本においては、そのあたりに疑問を持つ在家者が出家者抜きの葬式を行なうことも増えている。

じつは、これは、葬式仏教の背景にある、在家者の聖者崇拝が衰退したからである。

もともと、在家者が出家者に対し布施、葬式、戒名、慰霊、追善、起塔を願うことは出家者に対する在家者の聖者崇拝を背景としている。ところが、明治時代以降の日本においては、妻帯世襲によって代表される出家者の世俗化にともなって、出家者に対する在家者の聖者崇拝が衰退していった。その結果として、出家者に対し布施、葬式、戒名、慰霊、追善、起塔を願う在家者が減っていき、ついに、こんにちの日本においては、葬式仏教の衰退が指摘されるようになったのである。

在家者が出家者に対し布施、葬式、戒名、慰霊、追善、起塔を願うことは、出家者に対する在家者の聖者崇拝を背景としている以上、在家者の聖者崇拝の衰退にともなって、衰退していかざるを得ない。葬式仏教は在家者によって起こされもするし、在家者によってなくされもするのである。

葬式仏教不要論

そもそも、葬式仏教は在家者にとって絶対必要なのではない。在家者は、みずからあるいは亡者のために聖者である出家者に布施を与えた場合、その福徳によって大きな果／報酬を得、みずからあるいは亡者がそれを受けて善趣へ転生すると考えられている。それゆえに、在家者は、出家者が聖者である場合、出家者に対し布施、葬式、戒名、慰霊、起塔を願うが、出家者が聖者でない場合、出家者に対し布施、葬式、戒名、慰霊、追善、起塔を願うことを要しない。

さらに、在家者は、たとえ出家者に布施を与えなくても、ほかの善行によっても福徳を積めるし、それによってみずから善趣へ転生すると考えられている。そのように福徳を積んだ在家者は、少なくともみずから善趣へ転生するために、出家者に対し布施、葬式、戒名、慰霊、追善、起塔を願うことを要しない。

さらに、日本の浄土真宗や日蓮系諸宗においては、篤信の在家者は、たとえみずから福徳を積まなくても、死後に浄土へ転生してすぐさま仏となると考えられている。浄土真宗においては、在家者は、極楽浄土にいる阿弥陀仏から信心をたまわった場合、たとえみずから福徳を積まなくても、死後に極楽浄土へ転生してすぐさま仏となると考えられているし、日蓮系諸宗においては、在家者は、信によって霊山《りようぜん》浄土にいる久遠実成の釈迦牟尼仏から因果の功徳を譲り与えられた場合、たとえみずから福徳を積まなくても、死後に霊山浄土へ転生してすぐさま仏となると考えられているのである。浄土真宗と日蓮系諸宗とにおいては、そのような篤信の在家者は、少なくともみずから善趣へ転生するために、出家者に対し布施、葬式、戒名、慰霊、追善、起塔を願うことを要しない。

浄土真宗と日蓮系諸宗とから派生したいくつかの在家者団体は、こんにち、出家者を在家者の葬式に呼ばないまま、自分たちだけで在家者の葬式を行なっているが、このことは、浄土真宗と日蓮系諸宗との教理上、充分に頷けることである。葬式仏教は在家者にとって絶対必要なのではない。

葬式仏教必要論

ただし、葬式仏教が在家者にとってまったく不必要となることもないに違いない。世の中にいるのは出家者に対し布施、葬式、戒名、慰霊、追善、起塔を願うことを要しない在家者ばかりではない。むしろ、「転生はない」と信じている筋金《すじがね》入りの唯物論者を例外として、そのほかの、「転生はあるかも」と漠然と思っていつつ、福徳を積んでおらず、あるいは浄土真宗と日蓮系諸宗とを信じていない在家者は、みずからあるいは亡者が善趣へ転生するために、出家者に対し布施、葬式、戒名、慰霊、追善、起塔を願うことが多いのではあるまいか。

出家者に布施を与えることに疑問を持つ在家者も、「転生はない」と信じている筋金入りの唯物論者を例外として、かならずしもあらゆる出家者に布施を与えたくないのではあるまい。彼ら在家者は、在家者と異ならない、聖者らしくない出家者を葬式に呼んで布施を与えて引導させることに疑問を持つにすぎず、在家者と異なる、聖者らしい出家者ならぜひ葬式にお招きして布施を差し上げて引導していただきたいに違いないのである。

在家者と異なる、聖者らしい出家者は、出家者の世俗化が進んでいる現代の日本においては、なかなか見いだされなくなっている。しかし、近代までの日本においては、そのような出家者はかならずしも見いだされないわけではなかった。

内務官僚、政治家であった田子《たこ》一民《いちみん》（一八八一―一九六三）は、東京帝国大学の学生であったころから、臨済宗妙心寺派の西山《にしやま》禾山《かざん》（禾山玄鼓。一八三七―一九一七）に帰依していた。禾山は悟り体験を深めてのち、明治六年（一八七三）、臨済宗の蘊奥を窮めて印可を受け、同十四年、火災によって全身大火傷を負い、以後、「焼け禾山」と異名を取った老師である。明治四十年、一民は結婚したが、そののちも、妻、静江（一八八二―一九六四）を伴って毎朝禾山に参禅した。みずからの眼に映った禾山の姿を、静江は次のように回想している。

私は全体はにかみやで毎朝の参禅でも一人で老師の御《お》部屋へはいるのは間《ま》が悪いので襖《ふすま》の傍にそつと坐つて居《ゐ》る。静かな御部屋に書見して居《を》られる老師は、静江か？　と仰《おつ》しやる。御《ご》返事すると自《みづか》ら御《お》立ちになつて襖を御《お》開けになる。そして、御《お》前はあまり温和過ぎていけない、女の従順は美徳であるけれど、何事《なにごと》でも過ぎてはいけない、今少し快活にせよと仰しやる。老師は八十に近い御年で御召物《おめしもの》は上も下も一様《いちやう》に白木綿を着て居られる。大きい御《お》身体《からだ》に大きい御顔、其《そ》の御顔は一面にやけどで誠《まこと》に見悪《みにく》い、見悪いと申し上げては恐れ多い事《こと》ではあるけれど、御《お》目も鼻も形をして居《を》らない、御《お》耳などはまるで無《な》いのである。けれど二分、三分間老師と一所《しよ》に居《を》る人は誰《た》れでも離れ難い親しみを感じるのである。老師は仏の到来である。徳の化身であられる。老師と膝を交《まじ》へて居《ゐ》ると謂《い》ひ知れない涙が出る、有難《ありがた》い尊い涙が出る。

（田子静江［1917: 230–231］）

これに先立って、明治三十一年、禾山は東京において藤宮象洲という居士《こじ》（在家者）が世話役となって作った道友会《どうゆうかい》という禅会に請ぜられ、翌年、急逝した象洲の葬式に招かれて引導した。その時の禾山の姿を、当時、道友会に参加していた彫刻家、平櫛田中《ひらぐしでんちゅう》（一八七二―一九七九）は次のように回想している（文中の「見解《けんげ》」とは、公案に対する見解）。

明治三十二年、さあ何月だったか、象洲居士がポッカリ死んでしまったので、道友会も三年続いて、遂に自然解散となって流れてしまった。その葬儀の時、導師となった禾山老師の引導というものは、有難くって涙のこぼれる思いがした。私は後にも先にもあんな引導を聞いたことがない。「象洲、象洲」と生ける人にものを言うごとく呼びかけ、いちいち象洲の見解《けんげ》を説きつけていくのだ。その一句一語が聴く者の五臓六腑に響きわたった。そして老師の口を衝いて出た一転語を終って放たれた。

「喝！」

この喝は何とも形容の言葉のないものであった。大きいというか、鋭いというか、澄みきったというか、臨済大師を地下から呼び起こしてきたなら、ああいう喝であろうかと思われる胴ぶるいするようなものであった。私は上野の動物園の傍に住んでいたので、夜明けによく鶴の声を聞いていた。〈鶴の一声〉というが、たった一声の鶴声を聞くと、心の底までシーンとしたものであった。禾山老師の喝はこの鶴の一声にも等しく厳粛かつ荘厳のもので、何れも感涙にむせんでいた。京都の竹田黙雷老師について〈無字〉を通った中野天心居士も「あの喝こそ、本当の喝だ」と感激していた。

（平櫛田中［1978: 465-466］）

禾山の謦咳に接した静江は「老師と膝を交《まじ》へて居《ゐ》ると謂《い》ひ知れない涙が出る、有難《ありがた》い尊い涙が出る」と言い、禾山の引導に接した田中《でんちゆう》は会葬者が「何れも感涙にむせんでいた」と言っている。このような、在家者と異なる、聖者らしい出家者が、日常において在家者から帰依され、葬式において在家者から引導を願われることはいつの時代においても変わらないであろう。

前述のように、在家者が出家者に対し布施、葬式、戒名、慰霊、追善、起塔を願うことは、出家者に対する在家者の聖者崇拝を背景としている以上、在家者の聖者崇拝の衰退にともなって、衰退していかざるを得ない。しかし、もし、在家者と異なる、聖者らしい出家者がふたたび見いだされるようになるならば、在家者が出家者に対し布施、葬式、戒名、慰霊、追善、起塔を願うことは、在家者の聖者崇拝の増加にともなって、増加していくはずである。葬式仏教が在家者にとってまったく不必要となることはないに違いない。

悟りと葬式

仏教は、もともと、出家者の悟りのための宗教として機能していたが、聖者崇拝と土着習俗とを背景として、しだいに、在家者の葬式のための宗教としても機能するようになった。出家者の悟りのための宗教と、在家者の葬式のための宗教とはまったく矛盾しない。在家者は在家者の葬式において、出家者の悟りに達した聖者に布施を与えてこそ、その福徳によって大きな果／報酬を得、みずからあるいは亡者がそれを受けて善趣へ転生すると考えられているからである。

こんにちの日本においては、妻帯世襲によって代表される出家者の世俗化にともなって、仏教が出家者の悟りのための宗教として機能しなくなり、在家者の葬式のための宗教としてのみ機能するようになっている。そのあたりに疑問を持つ在家者からは、いわゆる葬式仏教批判がしばしば起こされているが、その葬式仏教批判は、決して、在家者の葬式のための宗教を批判しているのではなく、あくまで、仏教が在家者の葬式のための宗教としてのみ機能するようになっていることを批判しているのであると考えられる。

最も望ましいのは、仏教が出家者の悟りのための宗教としても機能するし、在家者の葬式のための宗教としても機能することである。こんにちの日本においても、志ある出家者はそのことを目指して取り組んでいくのがよいであろう。

本書によって、出家者と在家者とが悟りと葬式との関係について知識を共有し、いわゆる葬式仏教の将来について議論を共有できるなら幸いである。

付　録

『浄飯王般涅槃経』の真偽をめぐって

第二章において言及したように、中国の南北朝においては、出家者であるブッダが、在家者である父、浄飯王の葬式を行なったことが説かれている『浄飯王般涅槃経《じょうぼんのうはつねはんぎょう》』なる経が流通するようになった。いにしえの中国においては、同経は出家者が在家者である父母の葬式を行なってよいという証拠として盛んに用いられ、こんにちの日本においては、同経は出家者が在家者の葬式を行なってよいという証拠としてしばしば用いられている。

しかし、同経の真偽をめぐっては疑問がある。付録においては、そのことについて確認していきたい。

本文の和訳

同経は短い経であるので、まずは、全体を現代日本語訳によって紹介する。底本としては、『大正新脩大蔵経』所収のテキスト（T14, no. 512）を用いる。訳にあたっては、読みやすさを図って、音写語については対応する梵語をカタカナで表示する。

＊　　＊　　＊

仏説浄飯王般涅槃経

宋の居士《こじ》（在家者）、沮渠京声《そきょきょうしょう》の訳

次のようにわたしは聞いた。ある時、ブッダは王舎城のグリドラクータ山に大比丘衆とともに滞在していらっしゃった。その時、世尊は、光明がきらきらとして、あたかも太陽が出て世間を照らすかのようだった。

その時、釈迦族の国の王、浄飯という名のかたは、正法によって統治し、礼徳、仁義のかたであり、つねに慈心を行なっていたが、その時、重病をこうむって、からだじゅうの〔地、水、火、風という〕四元素が同時にともに作用してそのからだを害し、体肢の節々《ふしぶし》はほどけようとし、喘ぎの息は急流に似て定まらなかった。宰相は国中の名医をみなことごとく集まらせ、王の病を診させ、病に応じて薬を与えさせ、さまざまに治療させたが、癒すことができる者はいなかった。瑞応《ずいおう》はすでに尽き、遠からずして死のうとしていた。

その時、王は煩悶し、水の少ない魚《うお》に似て、輾転反側してやまなかった。夫人と侍女とは彼がそのようであるのを見てますます愁い悩んだ。

その時、〔浄飯王の弟たちである、〕白飯王《びゃくぼんのう》、斛飯王《こくぼんのう》、大称王《だいしょうのう》、および群臣は同時に声を発して言った。「今、王がもし崩御したまいましたら、とこしえに庇護を失い、国は弱まることとなります。」

王の身はおののき、乾いた唇からことばがいくつか漏れ、またたく目から涙が下った。

その時、諸王はいずれも敬意をもって長跪《ちょうき》（膝をついて直立）し、叉手《しゃしゅ》（胸の前で両手を交差）し、同時にともに言った。「大王は、ご気性として、罪悪をなすことを好まず、指を弾くほどの間ですら福徳を積むことに厭《あ》かず、人民を撫育して、平安を得ざる者がおりません。名は全方向に聞こえております。大王は、今日、なにゆえ愁い悩まれますか。」

その時、浄飯王はことばがすぐに出、諸王に告げて言った。「わが命がたとえ逝くとも苦にならぬ。ただ心残りなのは、わが子、シッダールタを見ざること。また心残りなのは、ふたりめの子、ナンダが世間的な諸欲を貪婬するのを断《た》ったのを見ざること。さらに心残りなのは、斛飯王の子、アーナンダがブッダの法蔵をたもち、一言たりとも失わないのを見ざること。さらに心残りなのは、孫、ラーフラが年若いにせよ神足《じんそく》（超能力）をもっぱら備え、戒行《かいぎょう》に欠けるところがないのを見ざること。われは、もしこれらの子らを見られるならば、わが病がたとえ篤く、いまだ輪廻から離れられずとも、苦にならぬ。」

王のあたりにいる者たちはそのことばを聞いて泣かざる者がなく、涙は雨のように下った。

その時、白飯王は浄飯王に答えて言った。「わたしは聞いております。世尊は王舎城のグリドラクータ山にいらっしゃる、と。ここから遠く隔たること、五十ヨージャナです。王は今やますます衰えておられます。たとえ使いを遣わしても、道路がかけ離れているせいで、遅れて無益となるのを恐れます。ただ願わくは、大王よ、大いに愁いてお子たちを懸念なさいますな。」

その時、浄飯王はそのことばを聞いてのち涙を流し、白飯王に答えて言った。「わが子たちがたとえ遠く隔たっているにせよ、望みは断たれない。それはなぜかというならば、わが子はブッダとなり、大慈悲によって、つねに神通をもって、天眼によって見ぬき、天耳によって聴きぬいては、済度されるべき有情を救護しておられる。百千万億の有情が水によって溺れている場合、慈愍心によって、船筏を作ってこれを済度してやり、しまいまで疲労しないのに似ている。たとえばある人が賊に囲まれ、あるいは敵に会って震え上がってなすすべもなく、みずからどうにかすることを望まず、ただ救護を求め、勢力ある者をたよって恐ろしい難から脱け出すことを望むように、たとえばある人がある時に重い病を得、良い医者を得てその病を治してもらうことを望むように、そのように、われのごときも、今日、世尊を見たいと望むのだ。というのも、世尊は、昼と夜とにつねに三回ずつ、いつも天眼によって、済度されるべき有情を観察しておられる。――慈愍の心によって、母が子を思うに似て。」

その時、世尊はグリドラクータ山に滞在していたが、カピラヴァストゥ大城において父王が愁いているのと、諸王が言っているのとを天耳によって遥かに聞いた。ただちに、父王が床《とこ》に病臥し、衰え果てて憔悴し、命が終わりに向かおうとしているのを天眼によって遥かに見た。父が子らを見たいと渇仰しているのを知った。

その時、世尊はナンダに告げて言った。「父王、浄飯は世間の王より勝れ、われらの父であられるが、今、重病を得ておられる。往って相見すべきだ。余命わずかだから、この時、厳としてすみやかに出発しよう。われらは往って、命あるうちに相見を得、王の願いを満たしてさしあげるべきだ。」

ナンダは教勅を受けて、長跪し、礼をなした。「はい、世尊よ。浄飯王はわれらの父であられます。なすところは奇特であり、聖者である子を生じ、世間を利益しておられます。今、往って詣で、養育の恩に報いるべきです。」

アーナンダは合掌し、進み出てブッダに言った。「わたしも世尊に随い、お会いしてともに相見いたします。浄飯王はわたしの伯父であられます。わたしが出家してブッダの弟子となりブッダを師とするのを許してくださいました。それゆえに、往きたく存じます。」

ラーフラもまた進み出てブッダに言った。「世尊よ、たとえわが父（ブッダ）が国を棄て、道を求めたにせよ、わたしは祖父王が養育してくださったおかげで成長し、出家し得ました。それゆえに、往って祖父王にまみえ奉りたく存じます。」

ブッダは言った。「よろしい、よろしい、〔汝は〕その時をよくわかっている。王の願いを満してさしあげよう。」

その時、世尊はただちに神足によって、鴈王に似て、身を虚空に踊らせ、忽然としてカピラヴァストゥに現われ、大光明を放った。国中の人民はブッダが来たのを遥かに見、みなともに声を挙げ、涙ながらに言った。「もし大王が崩御なさいましたら、釈迦族の国の名はかならず絶滅いたします。」

城内の人民はブッダに向かって啼哭し、世尊に言った。「あの時、太子は宮城から出、藍毘《らんび》樹の下に詣でて坐って思惟しておられました。父王はこれを見たまうて、稽首敬礼したまいました。大王はこのとおり遠からずして命が断たれます。ただ願わくは、如来はその時に往ってともに相見したまえ。」

国中の人民は転げまわってみずからを打ち、嗚咽し、啼哭した。中にはみずから首飾りを引きちぎる者もいた。中にはみずから衣服を引き裂く者もいた。中にはみずからその髪をすべて引き抜く者もいた。中には灰土を取ってみずからに振りかける者もいた。悲痛は骨の髄まで徹し、あたかも狂人のようだった。

ブッダはそれを見てのち、国中の人々を諫めた。「無常別離については、古今にそのことがある。あなたがた諸人はこのことに思いを凝らしなさい。——輪廻は苦であり、ただ道のみが真である、と。」

ブッダは法雨《ほうう》によって有情の心を潤し、さまざまな法によってこのことをわからせた。

そこで、世尊はただちに十力《じゅうりき》、四無所畏《しむしょえ》、十八不共仏法《じゅうはちふぐうぶっぽう》によって大光明を放ち、あらためて三十二相、八十種好によって大光明を放ち、無量無数の永劫のあいだに作られた功徳によって大光明を放った。その光は照り輝き、屋内と屋外とに通達し、国の境界に周遍した。光は王の身を照らし、病苦は平安を得た。王はついに怪しんで言った。「何の光であろうか。日月の光であろうか、諸天の光であろうか。光はわが身に触れ、天の栴檀に似て、わが身の中の病苦を息《や》むに至らせた。われはついに怪しむ。もしや、わが子シッダールタが来たのでないか。先に光明を現じたのはその瑞兆か。」

その時、大称王は外から王宮に入り、大王に言った。「世尊が来られました。お弟子たち、アーナンダ、ナンダ、ラーフラたちを率いて、虚空に乗じて来られましたぞ。」

王は安んじて歓喜し、愁いの心を捨てた。王はブッダが来たと聞いて、敬意のあまり踊躍し、覚えずして起坐した。須臾のうちに、ブッダはすぐに王宮に入った。王はブッダが到ったのを見、遥かに両手を挙げ、足に接してのち言った。「ただ願わくは、如来よ、手でわが身に触れ、われに平安を得させたまえ。病のせいで困らされ、麻の油を圧搾するに似て、痛くてたまりません。わが命は逝こうとしています。どうして回復できたりしましょうか。われは、今、最後に世尊を見られまして、心残りはただちに取り除かれております。」

ブッダは父王が病重くして痩せ衰え、かたちは識別しがたいほど変わっているのを知った。体が憔悴し、見るに堪えないのを見た。

ブッダはナンダに告げた。「王のかつての時を見るに、体は巍巍、顔は端正、名は遠くに聞こえていた。今や重病を得てしまい、識別できないほどだ。端正な姿、勇敢の名が、今、どこにあろうか。」

その時、浄飯王は一心に合掌し、世尊を歎じて言った。

「おん身は願《がん》を成しとげて、また諸有情の願満たす。
われ、今、重き病《やまい》を得《う》。ブッダよ、わが厄、度したまえ。
ガウタマ族の飾りなる、おん身をはなはだ奇特とす。
末世に正しき法を説き、護りのなきに護りをなす。
法味によって法王は、有情もろもろ潤して、
かくて後世の人に至る。わが子、慈孝の極みなり。

至宝のごときその人は、大千世界に名が達し、上は浄居天《じょうごてん》にまで、独歩し、等しき者あらず。」

ブッダは言った。「ただ願わくは、父王よ、もはや愁いなさいますな。といいますのも、道徳がもっぱら備わっておられ、欠けるものがないからです。」

ブッダは袈裟のうちから金色の腕《うで》を出し——掌《てのひら》は蓮華に似ていた——、ただちに手を父王の額の上に着けた。「王は清浄戒行の人であり、心の垢からすでに離れておられます。今や、歓喜なさるべきであって、煩悩なさるべきではありません。諸経の法の意味によく思いを凝らされ、牢固ならざる点について、堅固な志を得られるべきです。すでに善根《ぜんこん》を植えておられます。それゆえに、大王は歓喜なさるべきです。命がたとえ終わろうとしているにせよ、御《おん》みずから心を寛《くつろ》げなさるがよろしい。」

その時、大称王は恭敬の心をもって浄飯王に言った。「ブッダは王のお子であって、神力《じんりき》が具わっておられ、等しい者がおりません。ふたりめのお子、ナンダも王のお子であって、すでに輪廻をもたらす諸欲の海を渡りきり、〔預流果、一来果、不還果、阿羅漢果という〕四道果についてさまたげがありません。斛飯王の子、アーナンダはすでに法味を服し、あたかも淵か海かのような、ブッダの説いた法を一句たりとも忘れず、これをことごとくたもっております。王のお孫、ラーフラは道徳がもっぱら備わり、もろもろの禅定《ぜんじょう》を体得し、四道果を成しとげております。これら四子はすでに魔網を壊しております。」

その時、浄飯王はそのことばを聞いてのち歓喜踊躍し、堪えられないほどだった。ただちに自分の手でブッダの手を捉え、その心臓の上に着けた。王は臥処《ふしど》において仰向けのまま合掌し、世尊に言った。「われは如来を見るに、まつげはまたたかず、見ていて厭きませぬ。わが願いはすでに満たされ、心は踊ります。これからお別れします。如来・阿羅漢は多くの者が益されるかたです。お目にかかることができ、お説を聞くことができる者、これらの者はみなかたちある大功徳の人です。こんにちの世尊はわが子であり、接遇してくださることははなはだ多く、放棄されることにはめぐり会いませんでした。」

王は臥処において合掌し、心によって世尊の足もとに礼した。

その時、ブッダの掌《てのひら》はもとより王の心臓の上にあった。無常（死去）がやってきて、命は尽き、気は絶え、忽然として来世に就いた。

そこで、釈迦族の子たちは号泣啼哭し、全身をみずから打ち、両手で地を叩き、髻《もとどり》を解いて髪を乱し、同時に声を発して「とこしえに庇護を失った」と言った。中にはみずから首飾りを引きちぎる者もいた。中にはみずから衣服を引き裂く者もいた。中には灰土を取ってみずからに振りかける者もいた。中にはみずからその髪をすべて引き抜く者もいた。中には「王は順政によって国を治め、人民を枉《ま》げなかった」と説く者もいた。中にはまた「もろもろの小国は庇護を失った。諸王の尊である王は、今、すでに崩御なさった。国は威神を失った」と言う者もいた。

その時、釈迦族の子たちはもろもろの香水によって王の身を洗い、綿布ともろもろの絹布とによって包み、棺に収めた。七宝によって飾られ、真珠の網がその傍らに垂れている、師子座を造った。すぐに棺を挙げて師子座の上に置き、散華し、焼香した。

ブッダはナンダとともに喪《とむらい》の先頭にうやうやしく立った。アーナンダとラーフラとは喪の末尾にいた。

ナンダは長跪し、ブッダに言った。「父王はわたしを養育してくださいました。願わくは、ナンダに父王の棺を担ぐことを許したまえ。」

アーナンダは合掌し、進み出てブッダに言った。「ただ願わくは、わたしに伯父の棺を担ぐことを許したまえ。」

ラーフラもまた進み出てブッダに言った。「ただ願わくは、わたしに祖父王の棺を担ぐことを許したまえ。」

その時、世尊は未来世の人民が凶暴であって父母の養育の恩に報いないであろうことを念じ、その不孝の者に、その未来世の有情に礼法を設けてやるために、如来でありながら身を挺して父王の棺を担ごうとした。

その時、三千大千世界（千×千×千＝大千の世界）は〔①東が起《き》して西が伏し、②西が起して東が伏し、③南が起して北が伏し、④北が起して南が伏し、⑤周辺が起して中央が伏し、⑥中央が起して周辺が伏するという〕六種に震動した。あらゆる山々は、水上の船に似て、ぐらぐらと起伏した。

その時、欲界にいるあらゆる天たちは無数百千の眷属とともに来たって喪に赴いた。

北方の天王、多聞天は夜叉鬼神たち億百千衆を率い、ともに来たって喪に赴いた。

東方の天王、持国天は伎楽鬼神たち億百千衆を従え、ともに来たって喪に赴いた。

南方の天王、増長天は鳩槃荼《くはんだ》鬼神たち億百千衆を従え、ともに来たって喪に赴いた。西方の天王、広目天は龍神たち億百千衆を従え、ともに来たって喪に赴いた。みなともに哀を発し、声を挙げて啼哭した。

その時、四天王はひそかにともに思議した。世尊が、未来世の、父母に孝順ならざる者たちのために大慈悲によって現にみずから身を挺して父王の棺を担ごうとしているのを瞻望した。その時、四天王はともに長跪し、同時に声を発し、ともに仏に言った。「ええ、世尊よ。願わくはわれらに父王の棺を担ぐことを許したまえ。といいますのも、われらもブッダの弟子であり、やはりブッダから法を聞いて理解し、法眼の浄化を得、預流となっております。それゆえに、われらは父王の棺を担ぐべきです。」

その時、世尊は四天王に父王の棺を担ぐことを許した。その時、四天王はおのおのみずから人のかたちのように変身した。手で棺を捧げ、肩の上に担いだ。国を挙げての人民、大衆《だいしゅ》のすべては啼哭せざる者がなかった。

その時、世尊は、万の太陽に似て、威光がますます明らかとなった。如来は身を挺して手に香炉を執り、喪の前を行き、出でて葬所に詣でた。霊鷲山の上にいた、千の阿羅漢は神足の力によって虚空に乗じてやって来て、ブッダの足に稽首し、さらにブッダに言った。「ただ願わくは、世尊よ、何ごとかを教勅したまえ。」

その時、ブッダはすぐに阿羅漢たちに告げた。「あなたがたはすみやかに大海渚の上に往き、牛頭《ごず》梅檀《せんだん》やさまざまな香木を取ってきてください。」

ただちに教勅を受け、指を弾くほどの間に、おのおの大海に到り、ともに香薪を取り、臂を曲げるか伸ばすほどの間に、すぐに戻ってきた。ブッダは大衆とともに香薪を積み、棺を挙げて上に置き、火を放ってこれを焚いた。大衆のすべては火が盛えさかるのを見、みなブッダの前で転げまわってみずからを打ち、ますますあらためて悲哭した。すでに得道《とくどう》している者はみなみずからを幸いとした。いまだ得道していない者は心が戦《おのの》き怖れ、衣と毛とが逆立った。

その時、世尊は会衆に告げて言った。「世はみな無常、苦、空、無我である。堅固なものはない。幻に似、変化《へんげ》に似、熱い時の陽炎に似、水の中の月に似ている。命は長くはとどまらない。あなたがた諸人はこの火を見てすぐ熱いとなしてはならない。諸欲という火はこれをはるかに超えるのだ。それゆえに、あなたがたはみずから努めなさい、輪廻からとこしえに離れ、大いなる安楽を得なさい。」

その時、火は大王の身を焚きおわった。その時、諸王はおのおのみな五百の瓶《びん》の乳を持ち、それを用いて火を滅した。火が滅したのち、競ってともに骨を収め、黄金の函に盛って安置した。すぐにその上にともに塔を起てた。絹の幡蓋とさまざまな鈴とを懸けて塔を供養した。

その時、大衆は同時に声を発し、ともにブッダに言った。「浄飯大王は今すでに命終なさいました。精神はどこに受生したのでしょうか。ただ願わくは、世尊よ、分別解説したまえ。」

その時、世尊は会衆に告げて言った。「父王、浄飯は清浄の人である。浄居天《じょうごてん》に受生した。」

会衆はそのことばを聞いてのち、すぐに愁いを捨てた。

ブッダは経を説き終えた。諸天龍神、四天王、率いられた眷属、世間の人民、大衆のすべてはブッダに礼をなしておのおのみずから戻っていった。

仏説浄飯王般涅槃経（終）

本文の検討

全体的に言って、この経は漢訳仏典の決まり文句を散りばめられ、かなりうまく作られている。しかし、仔細に検討するに、看過できない問題がいくつかあることに気づく。

第一に、この経は沮渠京声（五世紀）の訳に帰されているが、沮渠京声の最古の伝記である僧《そう》祐《ゆう》『出三蔵記集《しゅつさんぞうきしゅう》』沮渠安陽侯伝（巻十四。T55, 106bc）においては、この経が載っていない。この経は『出三蔵記集』（巻四。T55, 25a）と僧祐『釈迦譜《しゃかふ》』（巻二。T50, 52a）とにおいて『浄飯王般《じょうぼんのうはつ》泥洹経《ないおんぎょう》』／『浄飯王泥洹経《じょうぼんのうないおんぎょう》』という名のもとに言及されているが（泥洹は涅槃の古訳）、訳者は不明とされている。

第二に、この経は『浄飯王般涅槃経』と題されているが、この経においては、浄飯王は浄居天へ転生したと説かれている。すなわち、この経においては、浄飯王が浄居天へ転生したことが般涅槃と呼ばれているのである。般涅槃はもはやどこへも転生しないことであるが、この経の作者はそのことをわかっていなかったに違いない。ちなみに、上座部の『クッダカ・ニカーヤ』所収の『ジャータカ』に対する伝ブッダゴーサの註釈（JA vol. I, 90）、『パーリ律』に対する伝ブッダゴーサの註釈（VA vol. V, 1008）においては、浄飯王は臨終に際して阿羅漢となって死んだと説かれている。阿羅漢となって死んだ以上、浄飯王はもはやどこへも転生しないのであって、まさしく般涅槃と呼ばれるにふさわしい。

第三に、この経において説かれている、ブッダの父、浄飯王の葬式は、先行する漢訳『増一阿《ぞういつあ》含経《ごんきょう》』『大智度論《だいちどろん》』において説かれている、ブッダの養母、大愛道《だいあいどう》の葬式を踏まえている。たとえば、この経においては、ブッダ、異母弟ナンダ、息子ラーフラ、従弟アーナンダが浄飯王の棺を担ごうとしたと説かれているが、これは、『増一阿含経』大愛道般涅槃品において、ブッダ、ナンダ、ラーフラ、アーナンダが大愛道の床《とこ》を担いだと説かれているのと同じである。表示するならば、表　付録-1のとおりである。

さらに、この経においては、四天王が浄飯王の棺を担ぎ、ブッダが香炉を持って前を進み、ブッダが阿羅漢たちに牛頭栴檀を取ってこさせたと説かれているが、これは、『大智度論』において、四天王が大愛道の床《とこ》を担ぎ、ブッダが香炉を持って前を進み、ブッダが阿羅漢たちに牛頭栴檀を取ってこさせたと説かれているのと同じである。表示するならば、表　付録-2のとおりである。

そもそも、大愛道の棺を担いだ四者については、部派／学派ごとに伝承が異なっている。表示するならば、表　付録-3のとおりである（表中のアニルッダはブッダの従弟《いとこ》）。『浄飯王般涅槃経』が出現したころの中国においては、大愛道の棺を担いだ四者をナンダ、アニルッダ、アーナンダ、ラーフラとする伝承はいまだ紹介されていなかった。それゆえに、『浄飯王般涅槃経』の作者は、大愛道の棺を担いだ四者をブッダ、ナンダ、ラーフラ、アーナンダとする伝承と、四天王とする伝承とを組み合わせて、『浄飯王般涅槃経』において、ブッダ、ナンダ、

表　付録－1　瞿曇僧伽提婆訳『増一阿含経』との対比

『浄飯王般涅槃経』	瞿曇僧伽提婆訳『増一阿含経』
難陀長跪、白仏言。「父王養我。願聴難陀担父王棺。」阿難合掌、前白仏言。「唯願聴我担伯父棺。」羅云復前、而白仏言。「唯願聴我担祖王棺。」爾時、世尊念当来世人民兇暴不報父母育養之恩、為是不孝之者、為是当来衆生之等設礼法故、如来躬身自欲担於父王之棺。（T14, 782c） 　ナンダは長跪し、ブッダに言った。「父王はわたしを養育してくださいました。願わくは、ナンダに父王の棺を担ぐことを許したまえ。」 　アーナンダは合掌し、進み出てブッダに言った。「ただ願わくは、わたしに伯父の棺を担ぐことを許したまえ。」 　ラーフラもまた進み出てブッダに言った。「ただ願わくは、わたしに祖父王の棺を担ぐことを許したまえ。」 　その時、世尊は未来世の人民が凶暴であって父母の養育の恩に報いないであろうことを念じ、その不孝の者、その未来世の有情に礼法を設けてやるために、如来でありながら身を挺してみずから父王の棺を担ごうとした。	是時世尊躬自挙床一脚、難陀挙一脚、羅云挙一脚、阿難挙一脚。（巻五十。T2, 823a） 　その時、世尊は身を挺してみずから〔愛大道の〕床《とこ》の一脚を持ち上げ、ナンダは一脚を持ち上げ、ラーフラは一脚を持ち上げ、アーナンダは一脚を持ち上げた。

表　付録－2　鳩摩羅什訳『大智度論』との対比

『浄飯王般涅槃経』

時四天王、各自変身、如人形像、以手擎棺、担在肩上。〔……〕

如来躬身、手執香炉、在喪前行、出詣葬所。〔……〕

時仏便告諸阿羅漢。「汝等疾往大海渚上、取牛頭梅檀種種香木。」

即受教勅、如弾指頃、各到大海、共取香薪、屈伸臂頃、便已来到。（T14, 783a）

その時、四天王はおのおのみずから人のかたちのように変身した。手で棺を捧げ、肩の上に担いだ。〔……〕

如来は身を挺して手に香炉を執り、喪《とむらい》の前を行き、出でて葬所に詣でた。〔……〕

その時、ブッダはすぐに阿羅漢たちに告げた。「あなたがたはすみやかに大海渚の上に往き、牛頭梅檀やさまざまな香木を取ってきてください。」

ただちに教勅を受け、指を弾くほどの間に、おのおの大海に到り、ともに香薪を取り、臂を曲げるか伸ばすほどの間に、すぐに戻ってきた。

鳩摩羅什訳『大智度論』

四天王挙仏乳母大愛道床。

仏自在前、擎香炉、焼香供養。

仏語比丘。「汝等助我、供養乳母身。」

爾時諸阿羅漢比丘各各以神足力到摩梨山上、取牛頭梅檀香薪、助仏作積。（巻十。T25, 132a）

四天王は、ブッダの養母、大愛道の床《とこ》を持ち上げた。

ブッダはみずから前において香炉を捧げ、焼香によって供養した。

ブッダは比丘たちに告げた。「あなたがたはわたしを助け、養母の身を供養してください。」

その時、阿羅漢である比丘たちはおのおの神通力によってマラヤ山の上に到り、牛頭梅檀という香薪を取り、ブッダを助けて堆積を作った。

表　付録－3　大愛道の棺を担いだ四者

出典	大愛道の棺を担いだ四者
説一切有部の『根本《こんぽん》説一切有部毘奈耶雑事《せついっさいうぶびなやぞうじ》』（訳註研究として Bhikkhunī Dhammadinnā [2016]）	ナンダ、アニルッダ、アーナンダ、ラーフラ。（※ブッダは担がず右手を添えたのみ。）
所属部派不明の『増一阿含経』（巻五十。T2, 823a）	ブッダ、ナンダ、ラーフラ、アーナンダ。
上座部の『クッダカ・ニカーヤ』所収の『アパダーナ』（Ap 541） 経量部の『大荘厳論経』（巻十四。T4, 336a） 中観派の『大智度論』（巻十。T25, 132a）	四天王

ラーフラ、アーナンダが浄飯王の棺を担ごうとし、四天王が浄飯王の棺を担いだと説いたのに違いない。

第四に、この経において説かれている、ブッダの父、浄飯王の葬式は、先行する漢訳『賢愚経《けんぐきょう》』において説かれている、ブッダの高弟、シャーリプトラの葬式をも踏まえている。表示するならば、表　付録－4のとおりである。

第五に、この経における措辞のいくつかは先行する漢訳『出曜経』における措辞のいくつかを踏まえている。表示するならば、表　付録－5のとおりである。

第六に、この経におけるブッダの出家時の逸話は先行する漢訳『太子瑞応本起経《たいしずいおうほんききょう》』におけるブッダの出家時の逸話を踏まえている。表示するならば、表　付録－6のとおりである。

表　付録－4　慧覚等訳『賢愚経』との対比

『浄飯王般涅槃経』	慧覚等訳『賢愚経』
世尊昼夜、常以三時、恒以天眼、観於衆生応受化者。（T14, 781c） 世尊は、昼と夜とにつねに三回ずつ、いつも天眼によって、済度されるべき有情を観察しておられる。	爾時尊者舎利弗、昼夜三時、恒以天眼、観視世間誰応度者。（巻十三。T4, 444b） その時、尊者シャーリプトラは、昼と夜とに三回ずつ、いつも天眼によって、世間の誰が済度されるべき者かを観察していた。
時仏便告諸阿羅漢。「汝等疾往大海渚上、取牛頭栴檀種種香木。」（T14, 783a） その時、ブッダはただちに阿羅漢たちに告げた。「あなたがたはすみやかに大海渚の上に往き、牛頭栴檀やさまざまな香木を取ってきなさい。」	時天帝釈勅諸夜叉。「往大海辺、取牛頭栴檀。」（巻六。T4, 388a） その時、帝釈天は夜叉たちに教勅した。「大海辺に往き、牛頭栴檀を取ってきなさい。」
火滅之後、競共収骨、盛置金函。（T14, 783ab） 火が滅したのち、競ってともに骨を収め、黄金の函に盛って安置した。	火滅之後、沙弥均提、収師舎利、盛著鉢中。（巻六。T4, 388b） 火が滅したのち、沙弥チュンダは師（シャーリプトラ）の遺骨を収め、鉢の中に盛って安置した。

表　付録－5　竺仏念訳『出曜経』との対比

『浄飯王般涅槃経』	竺仏念訳『出曜経』
時王煩躁、転側不停、如少水魚。(T14, 781b) その時、王は煩悶し、水の少ない魚《うお》に似て、輾転反側してやまなかった。	是日已過　命則随減 如少水魚　斯有何楽（巻二。T4, 616b） この日はすでに過ぎ去りて、いのちはそれによりて減る。 水の少ない魚《うお》に似て、彼らに何の楽あらん。
中有自絶瓔珞者。中有自裂壊衣服者。中有自攓抜其髪者。中有取灰土而自坌者。(T14, 781c–782a) 中にはみずから首飾りを引きちぎる者もいた。中にはみずから衣服を引き裂く者もいた。中にはみずからその髪をすべて引き抜く者もいた。中には灰土を取ってみずからに振りかける者もいた。	時梵志婦、蓬頭乱髪、以土自坌、裂壊衣裳、坐地坌哭。（巻十七。T4, 703b） その時、婆羅門の妻は、ぼさぼさ頭で髪を乱し、土をみずからに振りかけ、衣服を引き裂き、地に坐して号泣した。
汝等諸人当思念之。生死為苦、唯道是真。(T14, 782a) あなたがた諸人はこのことに思いを凝らしなさい。――輪廻は苦であり、ただ道のみが真である、と。	世間皆苦、唯道是真。（巻六。T4, 642a） 世間はみな苦であり、ただ道のみが真である。

表　付録－6　支謙訳『太子瑞応本起経』との対比

『浄飯王般涅槃経』	支謙訳『太子瑞応本起経』
爾時太子、踰出宮城、詣藍毘樹下、而坐思惟。父王見之、稽首敬礼。(T14, 781c) あの時、太子は宮城から出、藍毘樹の下に詣でて坐って思惟しておられました。父王はこれを見たまうて、稽首敬礼したまいました。	踰出宮城、到於王田閻浮樹下。明日宮中騒動、不知太子所在。千乗万騎、絡繹而追。王因自到田上、遥見太子坐於樹下、日光赫烈、樹為曲枝、随蔭其軀。王悚然悟驚、乃知其神、不識下馬、為作礼時、太子亦即前拝曰。(巻上。T3, 475b) 〔太子は〕宮城から出、王家の田にある閻浮樹の下に到った。翌日、宮中は騒然として、太子のいどころを知らなかった。千の乗物、万の騎馬が連なって追いかけた。王はみずから田に到って、太子が樹の下に坐って、日光が照りつけるあいだ、樹が枝を曲げ、その体に木蔭を作っているのを遥かに見た。王が悚然として驚き、このかたは神であると知って、識《し》らず識《し》らずのうちに馬から下り、敬礼した時、太子もまた前に進んで拝して言った。

第七に、この経において四天王がみずから預流であることを説いているのは先行する漢訳『思益梵天所問経』を踏まえている。表示するならば、表　付録－7のとおりである。

以上、『浄飯王般涅槃経』は先行する漢訳の経論を踏まえて作られている。このことを否認することは不可能である。

表　付録－7　鳩摩羅什訳『思益梵天所問経』との対比

『浄飯王般涅槃経』	鳩摩羅什訳『思益梵天所問経』
我等亦是仏之弟子、亦復従仏聞法意解、得法眼浄、成須陀洹。（T14, 783a） われらもブッダの弟子であり、やはりブッダから法を聞いて理解し、法眼の浄化を得、預流となっております。	世尊、我是四天王、得須陀洹道、順仏教者。（巻四。T15, 60c） 世尊よ、われらは四天王であり、預流となっており、ブッダの教えにしたがう者です。

真偽の判定

第二章において確認したように、インドにおいては、ブッダは出家者が出家者の葬式を行なうことを認めたと伝えられている。大愛道は浄飯王の死後にブッダのもとで出家者となっていたゆえに、出家者であるブッダは出家者である大愛道の葬式を行なったのである。

さらに、第二章において確認したように、インドにおいては、ブッダは、亡き在家者が阿羅漢である場合、出家者が在家者の葬式を行なうことを認めたと伝えられている（説一切有部における伝承）。しかるに、『浄飯王般涅槃経』においては、浄飯王が阿羅漢でないにもかかわらず、出家者であるブッダが在家者である浄飯王の葬式を行なったと説かれている。

『浄飯王般涅槃経』においては、ブッダが未来世の「不孝の者」のために、未来世の「父母に孝順ならざる者たち」のために、父の棺を担ごうとしたと説かれているが、そのことは中国における「孝」の思想に由来するようである（西村実則［2004］）。『浄飯王般涅槃経』は、孝子《こうし》が父の葬式を行なうことが当然視されていた中国において、ブッダもまた父の葬式を行なった孝子であることを主張するために作られた、偽経であると考えられる。筆者が気づいているかぎり、この経は南朝の僧祐『出三蔵記集』『釈迦譜』において言及あるいは引用されているが、北朝の文献において言及あるいは引用されていないから、南朝において作られたという可能性が高い。

あとがき

本書は筆者が先に拙著『「悟り体験」を読む――大乗仏教で覚醒した人々』（新潮社、新潮選書、二〇一九年）において提唱した「悟り学」の一環です。悟り体験との関係において、仏教の歴史を弔いの歴史として捉えることを目的としています。

本書は弔う側である生者について書かれましたが、今後、筆者は弔われる側である亡者についても本を書いてみたいと思っています。具体的には、仏教において教えられている死にかたについて論ずる『仏教はどう逝きなさいと教えているか』、仏教において説かれている霊の考えかたについて論ずる『仏教は霊をどう説いてきたか』というような本を、それぞれ書いてみたいと思っています。

本書においてしばしば触れましたように、仏教は亡者となる前に生者が福徳を積むことを勧めています。福徳は他者との関わりにおいて積まれます。したがって、仏教において勧められている他者との関わりかたについて論ずる『仏教は他者とどう関われと教えているか』というような本をも書いてみるとよいと思っているところです。

悟り学についても、悟り体験との関連において、仏教の歴史を禁欲主義と反禁欲主義とのせめぎ合いの歴史として捉える『悟りと欲望』、仏教の歴史を禁酒主義と反禁酒主義とのせめぎ合いの歴史として捉える『悟りと酒』、仏教の歴史を出家者と動物との交渉の歴史として捉える『悟りと動物』というような本を、順に書いていきたいと思っています。

いずれの本についても、縁にしたがって実現していけますことを楽しみにしています。温かいご声援をいただけますと幸いです。

本書は筑摩書房編集部の松本良次氏のお誘いによって実現されました。企画から刊行まで粘り強くお付き合いいただきました同氏に感謝いたします。

令和五年二月吉日　洛外東山今熊野の寓居にて

大竹　晋

参考文献（略号一覧）

AN: *Aṅguttaranikāya*, 5 vols., edited by Richard Morris and Edmund Hardy, London: Pali Text Society, 1885–1900.

ANA: *Manorathapūranī: Buddhaghosa's Commentary on the Anguttara-nikāya, After the Manuscript of Edmund Hardy*, 5 vols., edited by Max Walleser and Hermann Kopp, London: Pali Text Society, 1924–1940.

Ap: *The Apadāna of the Khuddaka Nikāya*, 2 vols., London: Pali Text Society, 1925–1927.

BoBh: *Bodhisattvabhūmiḥ [Being the XVth Section of Asaṅgapāda's Yogācārabhūmiḥ]*, edited by Nalinaksha Dutt, Patna: K. P. Jayaswal Research Institute, 1966.

BhV: *Bhikṣuṇī Vinaya*, edited by Gustav Roth, Patna: K. P. Jayaswal Research Institute, 1970.

D: Derge.

DBhS: *Daśabhumīśvaro nāma mahāyānasūtraṃ*, edited by Ryūkō Kondō, Tokyo: Daijō Bukkyō Kenyōkai, 1936.

DBZ:『大日本仏教全書』全百六十一巻、仏書刊行会、一九一二—一九二二。

DDZ: 叡山学院（編）『伝教大師全集』全五巻、比叡山図書刊行所、一九二六—一九二七。

DivA: *The Divyāvadana: A Collection of Early Buddhist Legends; now first edited from the Nepalese Sanskrit MSS. in Cambridge and Paris*, edited by E. B. Cowell and R. A. Neil, Cambridge: University Press, 1886.

DN: *Dīghanikāya*, 3 vols., edited by T. W. Rhys Davids and J. Estlin Carpenter, London: Pali Text Society, 1890–1911.

JA: *The Jātaka Together with its Commentary: Being Tales of the Anterior Births of Gotama Buddha. For the First Iime Edited in the Original Pāli*, edited by V. Fausböll, 6 vols., London: Pali Text Society, 1877–1896.

KDZ: 小林正盛（編）『興教大師全集』加持世界支社、一九〇九。
MNA: *Papañcasūdanī Majjhimanikāyaṭṭhakathā of Buddhaghosâcariya*, 5 vols., edited by J. H. Woods and D. Kosambi, London: Pali Text Society, 1922–1938.
Mp: *The Milindapañho: Being Dialogues between King Milinda and the Buddhist Sage Nāgasena*, edited by Vilhelm Trenckner, London: Pali Text Society, 1890.
MPS: *Das Mahaparinirvāṇasūtra*, Teil 1–3, edited by Ernst Waldschmidt, Berlin: Akademie Verlag (Abhandlungen der Deutschen Akademie der Wissenschaften zu Berlin, Klasse für Sprachen, Literatur und Kunst [bis Jahrgang 1949: Phil.-Hist. Kl.]), 1950–1951.
NKBT『日本古典文学大系』全百巻、岩波書店、一九五七—一九六七。
NZG:『日本の禅語録』全二十巻、講談社、一九七七—一九八一。
OSZ:『荻生徂徠全集』既刊七巻、みすず書房、一九七三—一九八七。
P: Peking.
Pv: *Petavatthu*, in *Vimānavatthu and Petavatthu*, edited by N. A. Jayawickrama, London: Pali Text Society, 1977.
Sn: *Suttanipāta*, edited by Dines Andersen and Helmer Smith, London: Pali Text Society, 1913.
SnA: *Sutta-Nipāta commentary: being Paramatthajotikā II*, 3 vols., edited by Helmer Smith, London: Pali Text Society, 1916–1918.
SNA: *Sārattha-ppakāsinī: Buddhaghosa's Commentary on the Saṃyutta-nikāya*, 3 vols., edited by F. L. Woodward, London: Pali Text Society, 1929–1937.
T:『大正新脩大蔵経』全百巻、大正一切経刊行会、一九二四—一九三四。
Ud: *Udāna*, edited by Paul Steinthal, London: Pali Text Society, 1885.
VA: *Samantapāsādikā, Buddhaghosa's Commentary on the Vinaya Piṭaka*, 7 vols., edited by Junjirō Takakusu and Makoto Nagai, London: Pali Text Society, 1924–1947.
VP: *Vinayapiṭaka*, 5 vols., edited by Hermann Oldenberg, London: Pali Text Society, 1879–1883.
Vv: *Vimānavatthu*, in *Vimānavatthu and Petavatthu*, edited by N. A. Jayawickrama, London: Pali Text

Society, 1977.
YBh: *Yogācārabhūmi of Ācārya Asaṅga: the Sanskrit Text compared with the Tibetan Version*, edited by Vidhushekhara Bhattacharya, Calcutta: University of Calcutta, 1957.
ZG:『禅の語録』全二十巻（全二十二冊）、筑摩書房、一九六九―二〇一六。

青木保［1976］『タイの僧院にて』中央公論社。

生野善応［1975］『ビルマ仏教――その実態と修行』大蔵出版。

石川力山［1996］「戒名」、『日本の仏教6　論点・日本仏教』法藏館。

石川力山［2001］『禅宗相伝資料の研究　上巻』法藏館。

石田尚豊［1988］『日本美術史論集――その構造的把握』中央公論美術出版。

稲岡誓純［1987］「廬山の慧遠と東林寺」、『佛教大学仏教文化研究所所報』三、佛教大学仏教文化研究所。

入矢義高、梅原郁（訳注）［1996］『東京夢華録――宋代の都市と生活』平凡社、東洋文庫。

上野勝之［2017］『王朝貴族の葬送儀礼と仏事』臨川書店。

畝部俊也［2015］「梵文『仏頂尊勝陀羅尼経』と諸訳の対照研究」、『名古屋大学文学部研究論集』哲学六一、名古屋大学文学部。

宇野精一［2019］『孟子　全訳注』講談社、講談社学術文庫。

榎本文雄［2007］「インド仏教における葬儀と墳墓に関する研究動向」、江川温（編）『死者の葬送と記念に関する比較文明史――親族・近隣社会・国家』江川温。

岡部和雄［1985］「『無常経』と『臨終方訣』」、『平川彰博士古稀記念論集　仏教思想の諸問題』春秋社。

片山一良［1979］「パリッタ（Paritta）儀礼の歴史的背景――アッタカター文献を中心にして」、『駒澤大学仏教学部論集』一〇、駒澤大学仏教学部。

勝田至［2003］『死者たちの中世』吉川弘文館。

勝田至［2012］「中世の葬送と墓制」、勝田至（編）『日本葬制史』吉川弘文館。

勝野隆広［2002］「菩薩戒と菩薩名の授与について」、『仏教学』四四、仏教思想学会。

上村勝彦（訳）［2002］『原典訳　マハーバーラタ　4』筑摩書房、ちくま学芸文庫。

岸覚勇［1967］「念仏の追善による功徳とその実例」、岩野真雄（編）『追善供養の意義と効果　読経回向はなぜき、めがあるか』大東出版社。

久保常晴［1984］「位牌」、『新版仏教考古学講座　第三巻　塔・塔婆』雄山閣。

小杉一雄［1993］「肉身像及遺灰像の研究」、日本ミイラ研究グループ（編）『中国・日本ミイラ信仰の研究』平凡社。

小松茂美（監修）、平林盛得（解説）［1977］『日本名跡叢刊　平安　慈慧大師　自筆遺告』二玄社。

佐伯有清［1986］『慈覚大師伝の研究』吉川弘文館。

桜井宗信［2006］「Mañjuśrīmitra の説く死者儀礼」、『密教学研究』三三、日本密教学会。

桜井宗信［2007］「文殊具密流の伝える死者儀礼」、『加藤精一博士古稀記念論文集　真言密教と日本文化　下』ノンブル社。

桜井宗信［2009］「Jñānapāda 流の伝える死者蘇生儀礼」、『現代密教』二〇、智山伝法院。

桜井宗信［2010］「聖者流の伝える荼毘儀礼――hPhags pa lha（*Āryadeva）に帰された著作を中心に」、『現代密教』二一、智山伝法院。

佐々木閑［1999］『出家とはなにか』大蔵出版。

佐々木閑［2002］「インド仏教の中の民間習俗」、『宗教研究』三三三、日本宗教学会。

清水俊史［2017］『阿毘達磨仏教における業論の研究　説一切有部と上座部を中心に』大蔵出版。

清水良行、坂口大和、庭野泰雄、鈴木正俊、宮崎英行［1983］「共同作業　各教団における授戒会について」、『教化研修』二七、曹洞宗教化研修所。

徐恒彬、田熊信之（訳）［1993］「南華寺の〝六祖慧能の真身〟考」、日本ミイラ研究グループ（編）『中国・日本ミイラ信仰の研究』平凡社。

深秀［1669］『道号式目』、前川茂右衛門。

杉本卓洲［1984］『インド仏塔の研究』平楽寺書店。

孫伯醇・村松一弥（編）［1966a］『清俗紀聞１』平凡社、東洋文庫。

孫伯醇・村松一弥（編）［1966b］『清俗紀聞２』平凡社、東洋文庫。

諦忍妙龍［1765］『盆供施餓鬼問弁』文政堂山城屋佐兵衛。

高橋昭雄［1994］「ビルマ人の葬儀と墓」、小島麗逸（編）『アジア墳墓考』勁草書房。

高松宏寶（クンチョク・シタル）［2019］「チベットの葬儀とその伝統文化について」、『現代密教』二九、智山伝法院。

田子静江［1917］『妻となりて』白水社。

田中木叉［1936］『日本の光　弁栄上人伝』ミオヤのひかり社。

種村隆元［2004］「インド密教の葬儀――*Śūnyasamādhivajra* 著 *Mṛtasugatiniyojana* について」、『死生学研究』四、東京大学グローバルCOEプログラム「死生学の展開と組織化」。

種村隆元［2012a］「Padmaśrīmitra 作 *Maṇḍalopāyikā* の *Antasthitikarmoddeśa* ――Preliminary Edition 及び試訳」、『現代密教』二三、智山伝法院。

種村隆元［2012b］「Padmaśrīmitra 作 *Maṇḍalopāyikā* の規定する葬送儀礼について」、『印度学仏教学研究』六〇・二、日本印度学仏教学会。

種村隆元［2017］「誰が葬儀の対象となるのか?――インド密教の葬儀に関する一考察」、『仏教文化論集　川崎大師教学研究所研究紀要』一二、大本山川崎大師平間寺。

圭室諦成［1963］『葬式仏教』大法輪閣。

圭室文雄［1999］『葬式と檀家』吉川弘文館、歴史文化ライブラリー。

智山伝法院［2020］『智山の真言④――作法集上における真言の解説』智山伝法院、智山伝法院選書。

辻善之助（編）［1939］『空華日用工夫略集』太洋社。

伝慧［1684］『引導要集便蒙』前川茂右衛門、井上氏忠兵衛。

常盤大定［1938］『支那仏教史蹟踏査記』支那仏教史蹟踏査記刊行会。

常盤大定、関野貞［1926］『支那仏教史蹟　第二集評解』仏教史蹟研究会。

常盤大定、関野貞［1939］『支那文化史蹟　第六輯』法藏館。

戸田浩暁［1981］『日蓮宗の戒名の理論と実際』山喜房仏書林。

土橋秀高［1980］『戒律の研究』永田文昌堂。

永井政之［2000］『中国禅宗教団と民衆』内山書店。

中尾良信［1997］「禅門の葬儀と戒名授与」、『日本仏教学会年報』六三、日本仏教学会。

中村元［1995］『中村元選集〔決定版〕第17巻　原始仏教の生活倫理　原始仏教Ⅶ』春秋社。

名和隆乾［2013］「Nidānasaṃyukta 20における遺体供養について」、『日本仏教学会年報』七八、日本仏教学会年報。

西村実則［2004］「浄飯王の葬儀――『浄飯王般涅槃経』から『今昔物語』へ」、『仏教思想の受容と展開　宮林昭彦教授古稀記念論文集』山喜房仏書林。

西本陽一［2007］「上座仏教における積徳と功徳の転送――北タイ「旧暦12月満月日」の儀礼」、『金沢大学文学部論集行動科学・哲学篇』二七、金沢大学文学部。

直海玄哲［2003］「喪葬儀礼にみる儒教と仏教――北魏文明皇太后の事例を通して」、『仏教の歴史的・地域的展開――仏教史学会五十周年記念論集』法藏館。

速水侑［1975］『平安貴族社会と仏教』吉川弘文館。

平岡聡［2007］「『増一阿含経』の成立解明に向けて（1）」、『印度学仏教学研究』五六・一、日本印度学仏教学会。

平岡聡［2008］「『増一阿含経』の成立解明に向けて（2）」、『印度学仏教学研究』五七・一、日本印度学仏教学会。

平櫛田中［1978］「禾山老師と私」、田鍋幸信（編）『伝記資料　西山禾山　増補版』文治堂書店。

広瀬良弘［1988］『禅宗地方展開史の研究』吉川弘文館。

不可停（編）［1686］『福田殖種纂要』西村孫右衛門。

船山徹［1998］「『目連問戒律中五百軽重事』の原型と変遷」、『東方学報　京都』七〇、京都大学人文科学研究所。

朴澤直秀［2015］『近世仏教の制度と情報』吉川弘文館。

本庄良文［2014a］『倶舎論註ウパーイカーの研究　訳註篇上』大蔵出版。

本庄良文［2014b］『倶舎論註ウパーイカーの研究　訳註篇下』大蔵出版。

松田和信［2019］「三啓集（*Tridaṇḍamālā*）における勝義空経とブッダチャリタ」、『印度学仏教学研究』六八・一、日本印度学仏教学会。

松田毅一（監訳）［1998］『十六・七世紀イエズス会日本報告集　第Ⅲ期第2巻』同朋舎。

松本昭［1993］「中国の入定ミイラの研究」、日本ミイラ研究グループ（編）『中国・日本ミイラ信仰の研究』平凡社。

水谷真成［1971］『中国古典文学大系22　大唐西域記』平凡社。

松本浩一［2008］「中元節の成立について――普度文献の変遷を中心に」、馬場毅、張琢（編）『改革・変革と中国文化、社会、民族』日本評論社。

道端良秀［1976］『仏教と儒教』第三文明社、レグルス文庫。

密教聖典研究会［2015］「*Amoghapāśakalparāja* Preliminary Edition および和訳註――サンスクリット語写本 ff. 97v4–99r2」、『綜合仏教研究所年報』三七、密教聖典研究会
三橋正［2000］『平安時代の信仰と宗教儀礼』続群書類従完成会。

壬生台舜［1978］「天台山国清寺の現状」、『印度学仏教学研究』二七・一、日本印度学仏教学会。

宮林昭彦、加藤栄司［2007］『現代語訳　南海寄帰内法伝　七世紀インド仏教僧伽の日常生活』法藏館。

明伝［1890］『真宗百通切紙』全四巻、永田文昌堂。

村井章介（校注）［1987］『老松堂日本行録――朝鮮使節の見た中世日本』岩波書店、岩波文庫。

村上真完、及川真介［1985］『仏のことば註（1）――パラマッタ・ジョーティカー』春秋社。

村田無道［1916］『参禅実話』東亜堂書房。

森本岩太郎［1993］「六祖慧能の首」、日本ミイラ研究グループ（編）『中国・日本ミイラ信仰の研究』平凡社。

守屋美都雄（訳注）［1978］『荊楚歳時記』平凡社、東洋文庫。

横関了胤［1938］『江戸時代洞門政要』仏教社。

吉岡義豊［1956］「密教施餓鬼法儀軌の中国社会伝流」、『智山学報』二〇、智山勧学会事務局。再録：吉岡義豊［1959］。

吉岡義豊［1959］『道教と仏教　第一』日本学術振興会。

吉河功［2000］『石造宝篋印塔の成立』第一書房。

米田雄介、吉岡真之（校訂）［1974］『史料纂集　吏部王記』続群書類従完成会。

頼勢［1669］『引導能印鈔』（内題『能引秘要於府中宝珠院頼勢之』）、前川勘右衛門。

シュウェイ・ヨー、国本嘉平次・今永要（訳）［1943］『ビルマ民俗誌』三省堂。

プラヤー・アヌマーンラーチャトン、森幹男（編訳）［1984］『タイ民衆生活誌〈2〉――誕生・結婚・死』井村文化事業社。

グレゴリー・ショーペン、平岡聡（訳）[1996]「『大般涅槃経』における比丘と遺骨に関する儀礼――出家仏教に関する古くからの誤解」、『大谷学報』七六・一、大谷大学大谷学会。（※原論文は Gregory Schopen [1997] Chapter VI に収録。）

Bhikkhunī Dhammadinnā [2016], "The Funeral of Mahāprajāpatī Gautamī and Her Followers in the *Mūlasarvāstivāda Vinaya*," *The Indian International Journal of Buddhist Studies* 17.
de Mersan, Alexandra [2012], "Funeral rituals, bad death and the protection of social space among the Arakanese (Burma)," in ed. Paul Williams and Patrice Ladwig, *Buddhist Funeral Cultures of Southeast Asia and China*, New York: Cambridge University Press.
Karashima, Seishi [2012a], *Die Abhisamācārikā Dharmāḥ: Verhaltensregeln für buddhistische Mönche der Mahāsāmghika-Lokottaravādins, Band 1*, Tokyo: Soka University, International Research Institute for Advanced Buddhology.
Karashima, Seishi [2012b], "The Meaning of *Yulanpen* 盂蘭盆：'Rice Bowl' on Pravāraṇā Day," in『創価大学国際仏教学高等研究所年報』一六、創価大学・国際仏教学高等研究所。
Keyes, Charles F. [1975], "Tug-of-War for Merit: Cremation of a Senior Monk," *Journal of the Siam Society* 63.（註を短縮しての再録：Keyes, Charles F. [2000]）
Keyes, Charles F. [2000], "The Cremation of a Senior Monk," in ed. Frank E. Reynolds and Jason A. Carbine, *The life of Buddhism*, Berkeley, Los Angeles and London: University of California Press.
Masefield, Peter [1986], *Divine Revelation in Pali Buddhism*, London: George Allen and Unwin.
Langer, Rita [2012], "Chanting as 'bricolage technique'：a comparison of South and Southeast Asian funeral recitation," in ed. Paul Williams and Patrice Ladwig, *Buddhist Funeral Cultures of Southeast*

Asia and China, New York: Cambridge University Press.
Schopen, Gregory [1997], *Bones, Stones, and Buddhist Monks: Collected Papers on the Archaeology, Epigraphy, and Texts of Monastic Buddhism in India*, Honolulu: University of Hawaii Press.
Schopen, Gregory [2004], *Buddhist Monks and Business Matters: Still More papers on Monastic Buddhism in India*, Honolulu: University of Hawaii Press.
Tanemura, Ryugen [1993], "The Four *nikāyas* in the *Gaṇḍlakṣaṇa* Chapter of the *Kriyāsaṃgraha*," in『印度学仏教学研究』四一・二、日本印度学仏教学会。
趙翼［1979］『点校本　陔餘叢考』中文出版社。
徐乾学［1881］『読礼通考』全百二十巻、江蘇書局。

大竹晋　おおたけ・すすむ

一九七四年岐阜県生まれ。筑波大学卒業、筑波大学大学院哲学・思想研究科修了。博士（文学）。京都大学人文科学研究所や花園大学などの非常勤講師を経て、現在、宗教評論家、仏典翻訳家。著書に『宗祖に訊く』『大乗起信論成立問題の研究』『大乗非仏説をこえて』『セルフ授戒で仏教徒』（以上、国書刊行会）、『唯識説を中心とした初期華厳教学の研究』『元魏漢訳ヴァスバンドゥ釈経論群の研究』（以上、大蔵出版）、『「悟り体験」を読む』（新潮社）、『仏のなりかた』（春秋社）など。訳書に『現代語訳　最澄全集（全4巻）』（国書刊行会）など。

筑摩選書 0253

悟《さと》りと葬式《そうしき》

—弔《とむら》いはなぜ仏教《ぶっきょう》になったか

二〇二三年四月一五日　初版第一刷発行

著者　大竹晋《おおたけすすむ》

発行者　喜入冬子

発行所　株式会社筑摩書房
東京都台東区蔵前二-五-三　郵便番号　一一一-八七五五
電話番号　〇三-五六八七-二六〇一（代表）

装幀者　神田昇和

印刷製本　中央精版印刷株式会社

ISBN978-4-480-01770-3　C0315

筑摩選書
0007

日本人の信仰心

前田英樹

日本人は無宗教だと言われる。だが、列島の文化・民俗には古来、純粋で普遍的な信仰の命が見てとれる。大和心の古層を掘りおこし、「日本」を根底からとらえなおす。

筑摩選書
0023

天皇陵古墳への招待

森浩一

いまだ発掘が許されない天皇陵古墳。本書では、天皇陵古墳をめぐる考古学の歩みを振り返りつつ、古墳の地理的位置・形状、文献資料を駆使し総合的に考察する。

筑摩選書
0122

大乗経典の誕生
仏伝の再解釈でよみがえるブッダ

平岡聡

ブッダ入滅の数百年後に生まれた大乗経典はどんな発想で作られ如何にして権威をもったのか。「仏伝」をキーワードに探り、仏教史上の一大転機を鮮やかに描く。

筑摩選書
0178

親鸞 「六つの顔」はなぜ生まれたのか

大澤絢子

多くの日本人を魅了してきた親鸞には「妻帯した僧」など、六つの「顔」がある。なぜ、いかにしてそれらの「顔」が形成されたのかを明らかにした労作の誕生！

筑摩選書
0185

アジールと国家
中世日本の政治と宗教

伊藤正敏

世俗の権力の及ばない避難所、聖なる別天地としてのアジールとは、一体どのようなものだったのか。歴史の中で果たしてきた役割を中世日本を舞台として跡付ける。

筑摩選書 0204

『往生要集』入門
人間の悲惨と絶望を超える道

阿満利麿

浄土仏教の源流となる穢土と浄土から成る世界観は、源信が打ち立て法然・親鸞に受け継がれた。絶望に満ちた人生を生ききる手引を柔らかに案内する決定版入門書。

筑摩選書 0233

越境する出雲学
浮かび上がるもうひとつの日本

岡本雅享

出雲という地名や神社が列島各地にあるのはなぜか。全国の郷土史を渉猟し、人の移動や伝承の広がりを丹念に跡付けることで、この国のもう一つの輪郭を描き出す。

筑摩選書 0003

荘子と遊ぶ
禅的思考の源流へ

玄侑宗久

『荘子』はすこぶる面白い。読んでいると「常識」という桎梏から解放される。それは「心の自由」のための哲学だ。魅力的な言語世界を味わいながら、現代的な解釈を試みる。

筑摩選書 0036

伊勢神宮と古代王権
神宮・斎宮・天皇がおりなした六百年

榎村寛之

神宮をめぐり、交錯する天皇家と地域勢力の野望。王権は何を夢見、神宮は何を期待したのか？王権の変遷に翻弄され変容していった伊勢神宮という存在の謎に迫る。

筑摩選書 0071

一神教の起源
旧約聖書の「神」はどこから来たのか

山我哲雄

ヤハウェのみを神とし、他の神を否定する唯一神観。この観念が、古代イスラエルにおいていかにして生じたのかを、信仰上の「革命」として鮮やかに描き出す。

筑摩選書
0084

死と復活
「狂気の母」の図像から読むキリスト教

池上英洋

「狂気の母」という凄惨な図像に読み取れる死と再生の思想。それがなぜ育まれ、絵画、史料、聖書でどのように描かれたか、キリスト教文化の深層に迫る。

筑摩選書
0112

刺さる言葉
「恐山あれこれ日記」抄

南直哉

死者を想うとはどういうことか。生きることの苦しみは何に由来するのか。〝生きて在ること〟の根源を問い続ける著者が、寄る辺なき現代人に送る思索と洞察の書。

筑摩選書
0132

イスラームの論理

中田考

神や預言者とは何か。スンナ派とシーア派はどこが違うか。ハラール認証、偶像崇拝の否定、カリフ制、原理主義……。イスラームの第一人者が、深奥を解説する。

筑摩選書
0137

〈業〉とは何か
行為と道徳の仏教思想史

平岡聡

仏教における「業思想」は、倫理思想であり行為の哲学でもある。初期仏教から大乗仏教まで、様々に変遷してきたこの思想の歴史と論理をスリリングに読み解く！

筑摩選書
0164

魔女・怪物・天変地異
近代的精神はどこから生まれたか

黒川正剛

ヨーロッパ中世末期、怪異現象が爆発的に増殖した。魔女狩りが激烈を極め、異形のモノへの畏怖と関心が錯綜する中、近代的精神はいかにして現れたのか。図版多数。